脇田昭先生が植えた寒緋桜の「桜の園」＝米正道さん撮影

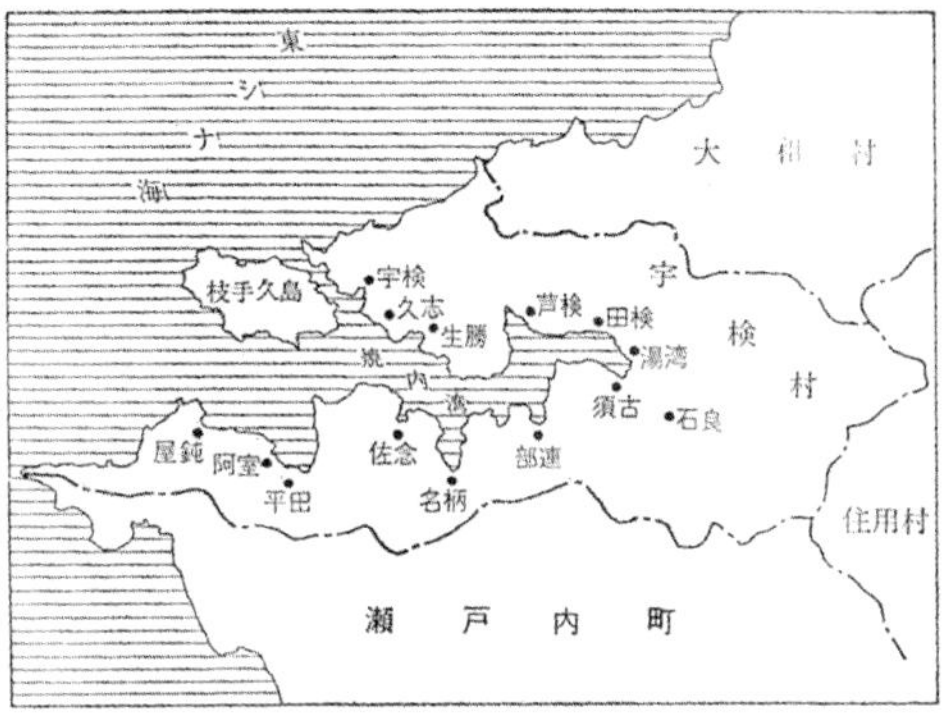


宇検村の全集落図

空からみた生勝集落の住宅風景＝『久志小中学校創立110年記念誌』から

ケタグラから集落に通じる県道の「生勝トンネル」

集落を守る守山神社＝米正道さん撮影

名瀬の文房具店万年堂の名越百太郎さんが、生勝住民を旧笠利町の旧奄美空港見学に招待したときの記念写真

# 奄美・生勝集落の生活誌

脇田マスエ・名越 護 編

南方新社

# はじめに

　幕末期、奄美に島流しされた薩摩の上級武士の一人に名越左源太《なごやさげんた》がいる。彼は流人でありながら、藩主・島津斉彬から嶋中絵図書調方に任命され、奄美大島の隅々を歩き任務を遂行した。そして、奄美逗留《とうりゅう》中に書きまとめたのが『南島雑話』である。これは奄美の自然や歴史、伝承、暮らしぶりなどを、愛情あふれる絵と文章で書いた博物誌で、近世奄美を研究する者の貴重な史料である。

　間切（琉球王国以来の行政区分のひとつ）ごとの集落名も克明に列挙している。薩摩藩時代の〝黒糖地獄〟で農奴的なヤンチュ（家人）が多く出てシマ（集落）が維持できなくなり、潰《つぶ》れ村（廃村）になった所も詳細に記入している。宇検方でも廃村になった蔵戸村も含めて現在と同じ集落名を書いているのに、なぜか「生勝《いけがち》」だけが漏れている。諸々の事実を詳細にとらえ正確に書き残している左源太がミスをおかしたとは考えにくい。言い伝えによると、生勝は藩政時代に「徳島」と呼ばれたが、その後、全集落を焼く大火があった。村の入り口に「徳崎《トグザキ》」という地名が残っているが、それは「徳島」と呼ばれていた痕跡ではないか。そうすると左源太が訪れたころはシマが焼け落ちた直後だったのだろうか？　だとしたら、左源太なら、その事実を書いてもよかろうに——。

　『南島雑話』には、一八二三（文政六）年二月に宇検方久志集落の川で村の女が水汲みをしていたところ、上流から〝血の水〟が流れてきて大騒ぎになったこと、一つ置いた芦検集落でも〝血の池〟が出現したという記述が載っている。これは奥山に藩の銅鉱山があり、何らかの鉱石に染まり、赤くなった水が川に流れてきたらしい。だが、両集落に挟まれた生勝（徳島）の川のことは一行も書いていない。同じ分水嶺から流れる川だから生勝川も汚染されていたはずだ。想像するに、集落全部が焼けた大火があり、そのころはまだ人が住める状態ではなかったのだろう。大火が起こったのは、左源太が流人として奄美に渡る一八五〇（嘉永三）年以前と見ていいようだ。

　今ではその事実を調べようにも、それ以上のことを知る人もいない。同じ久志校区の宇検集落には『歴史景観の里　宇検部落郷土誌』（一九九六年刊）という七百六十三ページの立派な集落誌がある。これを読むと、宇検集落運営のカツオ漁船「金吉丸」を中心に、経済的に比較的豊かで教育にも熱心だったことが分かる。しかし、貧しかった生勝住民は食べて生き抜くのが精いっぱいで、郷土誌を残す余裕などなかったのだろう。

　私も残り少ない人生だ。せめて生勝に生を授かったお礼と感謝を込めて、生勝集落の歴史を書物に書き残し、後世に引き継ぎたいという思いが強くなった。私の幼少のころの生勝は川から水を汲んで生活するランプ暮らし。三方に深い山が迫り、耕地が狭く、日常の食物を得るもの困難だったことを覚えている。それが日本復帰を境に奄美群島復興特別措置法（奄振）などで車の通る県道が完成、バスも通り、他の集落にも簡単に行けるようになった。この革命ともいえるほど生活が変容した今こそ、シマの歴史と文化を見直すチャンスだ——と思った次第だ。

　終戦直後に約百戸、五百人も住んでいた生勝集落の現状は、空き家が目立ち、廃屋が朽ち崩れて寂しい状態である。その姿が美しかった徳崎（トグザキ）や尾羅《をら》崎の琉球松は、マツクイムシにやられて、もうその姿はない。だが、ケタグラ（桁蔵）から集落へ県道「生勝トンネル」が開通し、湯湾まで車で十数分で行けるようになり、二十六戸の住民が静かにシマを守って暮らしている。

幸い同級生の脇田（旧姓生元）マスエさんが、高校卒業の一九六一（昭和三十六）年から一九六七（昭和四十二）年まで教員として、母校の久志小中学校で教鞭をとって「シマの生活の変容ぶり」を自ら実体験している。彼女の協力を得て本書を編集した訳である。第一章の大半を彼女が書いた。

いつ生勝と名を変えて再度先人が住むようになったのかは不明だが、明治初期には「生勝」というシマ名が戸籍にも登場するようになった。そして明治後半からは、カツオ漁が盛んになり、活況を呈したらしい。世帯数は一七二七（享保十二）年の検地帳では二十三戸だったが、カツオ漁が盛んだった一九一六（大正五）年発行の『焼内村誌』には八十戸で四百七十四人に増え、終戦直後には海外移住者たちも次々と帰郷し、約百戸、五百人以上に膨れ上がったようだ。しかし復帰後は仕事を求めて離郷する家族が増え、現在は二十六戸四十八人（男二十七人、女二十一人）にまで減少している。最高齢者は中村カメチヨさん（百歳）で、一九二四（大正十三）年生まれだ。

近現代史の中で東亜燃料の枝手久島石油精製基地進出問題では、地元は賛成、反対で大揺れした。村以外に住む出身者たちは、折からの深刻な公害問題を受けて反対意見が多かった。

この東亜燃料進出に反対して隣の久志集落に移住して共同生活を始めたグループがあった。無我利《むがり》道場である。メンバーの子供たちが学校の制服着用に反対し、登校拒否へと発展して多くの村議らが

徳崎（トグザキ）の琉球松群の美しい姿も、マツクイムシにやられ今はない＝脇田マスエさん提供

「無我利排斥運動」を起こした。シマの人たちも「ヒッピー」という自分の常識とは違う格好と行動を、批判的に見たことは十分理解はできる。しかし、自分たちとは違った生活と文化を持つ人たちがいることを理解し、人間として彼らと共生して生きていく「心の広さ」を持つことも必要だったのではないか。当時のシマの人びとの思いを理解しつつも、彼らの立場にも目を向けて書いた。

　奄美は自然も文化も多様性に満ちているとして、ユネスコの世界自然遺産に登録された現在、特に思うことである。同問題については反論もあろうが、「共生」という立場に立った編集者の立場を理解して読んでもらいたい。

　宇検村は二〇二〇年度の一人当たりの県市町村別所得推計で県平均を上回る奄美一位の二百四十一万九千円だった、という新聞報道（南海日日新聞）があった。さらに民間団体の「人口戦略会議」が二〇二四年四月末に公表した報告書で、人口千五百人余りの宇検村が鹿児島県内で唯一、百年後も女性が多く残る「自立持続可能性自治体」に位置づけられた（二〇二四年五月三日付南日本新聞社会面トップ）。田検集落出身の渡博文さんが黒糖焼酎工場を湯湾に持ってきたほか、村とＭＢＣ開発が宇検集落で車エビの養殖を共同経営、マグロ養殖や真珠養殖場もあり、若者たちの働く場を提供しているためだろうか？　出身者として誇りに思う明るいニュースであった。

　それに動植物多様性の精神から、村が敢えて「ケンムンの村」を標榜していることは〝行政の余裕〟も感じさせる。「ケンムン」の存在を肯定するか、しないかにかかわらず、「ケンムン」も棲《す》めるような自然が存在するのは事実で、素晴らしいことだ。私はぎすぎすした世相の中で、自然の不思議さとともにそれと共生して生きてきた〝証し〟のトリックスターとして、真剣に「ケンムン」の存在を信じてきた先人に敬意を示すものである。トリックスターとは、民話や神話などに登場するいたずら者。秩序の破壊者でありながら創造者としての役割も担う。

名越　護

目次

## 第三章　生勝集落の人物伝



※第一章1〜16、18は脇田マスエ執筆。そのほかは名越護執筆。

# 第一章　本土復帰前後の暮らし

## 1　水車とガンガタ

アメリカ統治時代は甘いお菓子や砂糖類は、なかなか口に入れることはできなかった。そのために、サトウキビを栽培して黒糖でお菓子を作って祝いごとや祭事に困らないようにした。

冬場のサトウキビの収穫期には、全戸、順番でカヤぶきの砂糖小屋に詰め、小屋は昼夜を問わず甘い香りが漂い、砂糖を煎じる湯気が立ち込めていた。

畑からキビを運ぶのが大変だったことを記憶している。木のように直立ならいいけど、中程から全体的に曲がっているから、小学生ではテル（背負い籠）で背負うのは、なかなか要領がいる仕事であった。

生勝の水田が広がる田袋の山手のすそ野に、大きな水車が回っていた。水車より高い農道伝いに木枠で作った樋をつなげてシマ唯一の滝のある所まで延ばし、そこから水が流れるようになっていた。大雨が降ったり草が茂ったりすると、村ワク（共同作業）でその樋が詰まらないように、水がスムーズに流れるようにしたと思われる。

この水車の動力で搾った砂糖汁は、鉄板の大きな長方形の釜に移され、長い櫂《かい》のようなものでかき回して固める。まだグツグツしている汁に棒で巻き上げるようにして、すぐ水に入れたら、美味しい「ガンガタ」の出来上がりだ。「ガンガタ」は水飴ほどの柔らかさで、水に入れても、ぬくぬくしてとても甘いおやつになった。

できた黒糖は、空き缶や様々な木箱に流し込んで、一年分の行事や正月・お盆・祝い事用などに保存されるのだ。子供に食べられたら困ると、親が天井近くに上げても、子供たちは兄弟で肩車をして少しずつ崩して食べて、ちゃっかりと元に戻した。しかし、これが親にばれて大目玉を食らったこともあった。砂糖炊きの光景も、日本復帰運動が盛んになる頃から島外に出る人が多くなって昭和二十五、六年ごろで終わったと思われる。

## 2　マシュ（塩）炊き

生勝のマシュ炊き小屋は岬を回って久志寄りの尾羅の浜にあった。小屋はカヤぶきで、中には黒糖小屋と同じような大きな四角い鉄鍋があった。

昭和二十四、五年の私が久志小学校低学年のころ、小屋の外には燃料用の薪がたくさん積まれていた。マシュ炊きは、まず男衆がバケツで何十回と潮水を汲み、鍋に溜めるところから始める。潮水が鍋の三分の二ほど溜まったところで、火を付けて一晩中、焚くのである。明け方になると、段々と水分が蒸発して塩粒になってくる。学校帰り、マシュ炊き小屋に立ち寄り、親たちからホクホクの粗塩になった塩を嘗めさせてもらうのが楽しみだった。

ホクホクの粗塩を甕《かめ》やカマスに入れて、味噌づくりや漬物用にと、年中自家用に使ったものだ。塩をつくらなかった人たちにも配った。

塩が出来上がるまで、火勢が衰えないように薪をくべたり、塩の出来具合を調整したりと眠る暇はなかった、という。そんな時、ついウトウトしていると、ケンムンがいつの間にかマシュ炊き人の傍らで暖をとっていたという話もあった。

## 3　茶園組合

なくてはならないお茶の、生勝での生産は、トー山にまとまっていてお茶摘みをした。それを乾燥したり、炒ったりするのに必要な薪を、みんなで製茶場に積んでいた。

製茶場は、今の消防分遣所のある場所と公民館の間ぐらいにあったように記憶している。当時の区長の山下池義さんが、拡声器で連絡事項や達示事項を話すのを覚えている。「トー山茶園組合の皆さんに、お知らせします」。独特の語り口でよく真似したものだ。トー山は遠くて山を切り開いた場所だったので、日本復帰後はお茶も内地からどんどん入るようになって、茶園組合も解散したようだ。

茶製造所（左側）で現在の消防分遣隊車庫付近。その右側が旧集会所

## 4　やっと脱脂粉乳が来た！

敗戦後の食糧難のころ、日本人は飢餓寸前で子供たちも栄養失調でやせ細っていた。一九四六（昭和二十一）年、在米日本人を中心に設立された日本難民救済会（通称ララ物資という）や国連のユネスコが、栄養価の高い脱脂粉乳の支給を始めた。しかし、信託統治された奄美にはその恩恵は届かなかった。

一九五三（昭和二十八）年十二月二十五日、奄美群島はようやく日本に復帰し、子供たちにもやっと脱脂粉乳の恩恵がまわってきた。私たちが小学五年生の三学期ごろ、脱脂粉乳は紙製のドラム缶のようなものに入っていた。昔のトタンぶき校舎や平木ぶき校舎の裏側の空き地の大きな物置小屋に、その紙製ドラム缶は置かれていた。

久志小中学校では、大石三個と粘土で大きなカマドを作りアンマ鍋を備え、それに水を入れてたぎる直前に脱脂粉乳を入れて沸騰寸前まで炊いたようだ。脱脂粉乳を炊く木も必要だ。毎週月曜日には全校生が各自、家庭から薪を一本ずつ持って登校した。

学校給食のはじまりだったが、入れ物は各自自宅から持ってきたお碗だった。各教室に配るバケツのような入れ物もない。クラスごとに直接鍋から柄杓で持ってきたお椀に配給された。配給されて教室まで行く間にお椀からこぼして半分ほどしか残らなかったこともたびたびだった。また四、五歳の弟や妹を連れて通学することもあり、その分をもらうこともあった。今まで飲んだこともないミルク（脱脂粉乳）は味もなく、決しておいしいとは言えなかったが、栄養価はあったのだろう。その後、奄美の子供たちと本土の子供たちとの体格差はほとんどなくなったようだ。

それまでは全員がハンカチにサツマイモを包んで登校していたが、脱脂粉乳の配給でイモが食べやすくなって好評だったという。

学校給食の始まりは、一八八九（明治二十二）年に山形県鶴岡町（現・鶴岡市）の大督寺境内にあった私立忠愛小学校で、寄付金や浄財をもとに一九四五（昭和二十）年まで、おにぎりや焼き魚（塩鮭）、漬物を出していたという。大督寺境内には「学校給食発祥の地」の記念碑が立っている。一般の学校では、一九五四（昭和二十九）年、「学校給食法」が成立し、実施体制が法的に整備されたというから奄美とさして変わらなかった。

脱脂粉乳を湯で溶かした本土でのミルク給食は一九四六（昭和二十一）年に始まり、一九五八（昭和三十三）年から国産牛乳を飲むようになった。そして二〇〇九（平成二十一）年に学校給食法が改正されると、その目的が「食育」の観点から見直され、学校給食を取り巻く環境はさらに向上した。

## 5　女の子の遊び

女の子の遊びは、外では手毬やニクダン・スイビ（タカラ貝）の〝おはじき〟だった。雨降りにも、集落の集会所で〝おはじき〟をした。

寒い時や正月は、室内で輪になり、鬼になった人が握りこぶしの中に丸めた紙を握り、歌いながら、次の鬼を当てるやり方だ。

〽イッチンガタ　ニガタ　サンガタ　シガタ
シングルマのボッデイッグワガ　ウ　ヴィテ
ナンコジョ　ウヴッテイキャ　マンニュプイッパ
サイオージョ　ティ　ヒキャバ　ヒキ

と繰り返し歌って、こぶしの中にある丸めた小さい紙が誰の手にあるか、当てるやり方で、人数が多いとなかなか自分に番が回ってこないときがあった。

手毬は蘇鉄のファーマ（実を包んでいるフワフワしたもの）を紬の織り切った後の余り糸でファーマが見えなくなるまで綺麗に巻いていき、最後は色付きの糸で刺繍をして仕上げる。ゴムマリのようには弾まないが、小、中、大と大きさもいろいろ作ることができた。少しでも濡らしたら、フニャフニャと高野豆腐が水を吸ったようになったものだ。

手毬唄としてよく歌われたのが戦争中の歌詞で、時代を感じさせられる。

〽一列ラッパ破裂して　日露戦争の戦いに
サッサと逃げるは　ロシアの兵
死ぬまで尽くすは　日本の兵
五万の兵を引き連れて
六人残して皆殺す　七月四日の大戦争
ハルピンまでも攻め落とす
クロパタケンのクビ落とす　東郷大将万々歳

梅雨時期の芋植えの頃は、女の子は小学四年生以上になると、学校を休んでよく子守をさせられた。そのときは集会所で（学校を）休んでいる者同士で、いろいろ遊びに興じたようだ。学校を休んで一番困ったのは音楽の時間。音楽は週二時間程しかなかったので、次に出席した音楽の時間は口をパクパクさせるだけだった。

## 6　ターイシ山のパルプ材切り

小学五年生になると、冬場はほとんどの子がターイシ山にパルプ材の切り出しに行き、麻ロープで田袋入り口まで引いて来たものだ。腰に縄を巻いて斧を挿した。現地までは水溜まりのできやすいでこぼこ道が続き、シンガイ（ソテツの幹を粉にしたお粥）やサツマイモだけの食生活の中で根気が切れたものだった。難所を上り終えたらアシャメヒラ（地名）といって久志集落に行く道と生勝に行く道に分かれた三差路があり、開けた休憩場所になっていた。ここで休むのが通例だった。

この下に棚になっている畑があり、この畑の主であるジョーバッケ（ジョーおばさん）が「コレチュンキャ　ナーキャ　シメエ（猪）ガロヌーガロ（皆さん見てください。猪らしきものに荒らされた）」と言って芋づるを高々と上げて見せた。そこで休んでいる人たちは「ジョーバッケ　ウラ（それは）　シメエ（猪）じゃが」というと、「アラン（いいえ）　生勝メーラベンキャヌ　薪拾いメーラベンキャヌカディ（いや、生勝娘たちが食べたようだ）」と反論した。生の芋は、休憩する人たちのいいおやつになっていたのだ。これは生友次郎さんの娘、藤千代姉さんから聞いた逸話だ。

この山道はまた、大和村今里方面からの道路に重なり、海が荒れて定期船が運休のときは、旧名瀬市まで歩いて行く人もあったようだ。名瀬まで五十キロ以上はあると思われる。お悔やみごとで生元栄益さんも「二回程度、この道を通ったけど、おにぎりと水筒だけで昼食は歩きながら食べた。座り込んだら、長い距離歩けなくなる」と語っていた。もちろん裸足だった。私たちの全校生のお別れ会や芦検の茶園に行く春の遠足も、全員裸足だった。

アシャメヒラから少し行って右に折れるとウティコクビリ（地名）という場所があり、そこは木がうっそうと茂ってうす暗い感じの場所だった。一緒に来た先輩たちから、あまり枝のない、できるだけまっすぐな木がいい、と教えられた。目的の木を探すのに多少時間がかかった。

決められた木を斧で上斜めと下斜めに何度も切り込みを入れて、倒れたら枝をすべて払い落とし、畳の長さぐらいにした。枝のあった部分から切り落として丸い鉄の輪に特別な釘を打ち付け、休憩していた近くの本通りまでは担いで行くのだ。坂道ではなく平らな道路だから担ぐしかなかった。生の木だから肩が痛くなって何度も休んで運んだものだ。下りは割と楽で、他の木に当たらないよう窪みにストップさせたり、要領よく引いて行き、田袋の道路は平らだったから、そこからアシャゲまでまた肩に担いで行くのだが、だいぶ距離があるので往生した。

アシャゲでは、折り畳みの物差しで文岡秀仁さんが一人ひとりのパルプを測って現金を渡していた。百五十円とか、百三十円とか、一本の生の木だから現金がもらえることが嬉しくて皆頑張った。自分は二寸五分とか、三寸とか、大きさを競い合っていた。木の枝の部分から切ると、ラッパ口になって少し広がるよ、という人もいたようだ。切り口を枝の出る部分からと言ったのは、このラッパ口に関係があった。しかし、ラッパ口もあまり広げすぎると、ヒビが入って不合格になるので手加減がなかなか難しかった。

そのお金で購買の店でそうめんを買って帰ったら、親も「今夜はそうめん汁のご馳走だ」と大喜びした。残りのお金はあくる日、郵便局で貯金通帳に入金した。これは折り畳み式の通帳で、広げると一目で貯めた金額がわかる。五十円とか四十円とか、貯金額が増えるので、ほかの人もだいぶ貯金をやっていたようだ。そういう環境だから、大変な生活でも皆やれたんだなあ、という思いがする。

この木はほとんど松の木で、焼内湾にはパルプ材を運搬する大きな貨物船がいつも行き来していた。これが紙の原料になっていたようだ。

## 7 シマの拡声器導入

戦後の苦しかった昭和二十年代は、昭和ひとケタ生まれの方たちがシマのため、多方面にわたってよく頑張られた。青年団の人数も多く、男女ともよくまとまって、シマの行事や祭りごと、集会など和やかに進行していたようだ。ターイシ山やグスコン山等に行き、パルプ材伐採などで汗を流して敬老会や十五夜等の費用に充てるものだった。

シマの連絡・広報に必要な拡声器の資金も、みんなの難儀苦労の結晶だったのだろう。拡声器が集会所の屋根に取り付けられたときは、シマ中はもちろん、畑まで聞こえる音量にみんなびっくりしたことを覚えている。あるお年寄りが「あんな大きな声を出す人は、どこに隠れているのか」と不思議がっていた、という逸話が残っている。

それまで隣組長が一軒一軒回って連絡していたことが、区長の拡声器の一声ですんだ。今はほとんど役場からの防災無線で、全集落の各戸に広報されている。

昔のレコードは蓄音機にかけて流すのが主流だったが、その蓄音機が文岡秀仁さん宅にあるのを見かけたことがある。

拡声器からは青年団で流行《はや》った当時の流行歌がよく流されていた。「リンゴの唄」「月がとっても青いから」「サンフランシスコのチャイナタウン」「高原の駅よさようなら」などの歌である。小学生だった私たちは、どの歌も三番まで聞き覚えたほどだ。入学式では新入生が式場で歌うことになったが、童謡ではなく「高原の駅よさようなら」をしっかり歌った子がいて、出席者の笑いを誘ったこともあった。もちろん、生勝の男児であった。

## 8 土葬と改葬

土葬は二度も葬儀の手間がかかることから、昭和五十年代からはほとんど奄美市名瀬や瀬戸内町古仁屋

織田クニエさんの父の改葬風景。昭和40年ごろだったという＝織田クニエさん提供

の火葬場で、火葬するようになった。

生勝で最後に土葬したのは、脇田ウイツさんではないか、といわれている。ウイツさんは生前からよく「人は火葬したら、スルメみたいに動くみたいだよ。自分は必ず土葬にしてほしい」と話していた。お年寄り同士の集まりでよく、そういうことを話題にしていたのを私は聞いた。

亡くなって納棺して家を出るときは、前後四人で棺を担いで表玄関から庭に出たら、左回りに三周してから門を出て行くのだ。死人の霊が我が家に戻ってきたら困ると、遺体に自分の家の方向を惑わすためらしい。遺体は、死の直前に掘った穴に丁重に埋める。昔は枝手久島や宇検集落の沖にある小島の近くまで板付け舟で行き、テーブル珊瑚を取ってきて、墓石代わりに墓に被せていた。これをウル石といった。椎茸に似ているためか、ナバ石とも呼んでいたようだ。新しいナバ石は海藻のような臭いがプーンとして、「ミイバカ（新墓）」であることがすぐ分かった。

現在の生勝の墓地と後方の海岸のくびれた箇所の上部（マタハナ）に旧墓地があった

現時点では生勝は各個人の墓を持っているが、年寄りが墓参りに行くのは大変なようで、共同墓地になるという話も出ている。現在「生勝部落祖先の墓」という大きな石塔が立っている所がある。以前そこは大きなウル石で囲んだ祖先たちの共同墓地だった。久志よりの曲がった所（小字名はマタハナ）にあった旧墓地（風葬？）が山崩れして、人骨が散乱した。これらを集めて大きなテーブル珊瑚でムヤ（集団墓地）を作り、集落中でお参りするようになった名残だ。この話はあとで詳しく述べる。

## 9　金になるソテツ葉

日本に復帰するまでは、生勝の人ではない「アイグマおじ」という方が、ソテツの葉を買いによく来ていたようだ。

畑や山に行く大人たちは、自分たちの畑や山以外でもソテツを見つけたら刈り取ってアシャゲ（生勝の場合は広場のこと）に持って行った。それを「アイグマおじ」が買い取っていた。何がしかの現金を手にでき、一時ソテツ葉売りがブームになったようである。

「アイグマおじ」の葉を数える声は、抑揚のある音楽のような独特のリズムで、テンポは速かった。数え終わったら、子供たちは自分の親が切った葉を、藁で二枚向かい合わせにしてくくっていた。

百枚でも五十組にしかならないので、売値は高額ではなかった（B円で二円ほど）。それでも一円で飴が二個買えたB円時代だから、子供たちにはいいおやつ代になったと思う。

「アイグマおじは山下徳治さん宅と生元栄益さん宅の山側の空き

地にソテツ小屋を作り、小屋の中にはくくられたソテツ葉が整然と下げられていた。ソテツ葉を乾燥させていたのだろう。何十年か後に聞いたところによると、これらソテツ葉はアメリカなどのクリスマスの飾りの一つとして重宝されていたようだ。

ソテツ葉買いは奄美全域で行われたようで、町健次郎さんの『与路島ノート』や『瀬戸内町立図書館・郷土館紀要第四号』などによると、与路島ではソテツ葉を出荷するときは、緑色の生葉では出さなかった。出荷品は葉の長さも定められていて、葉の細いものは不可であった。肉厚なものを選んで採取し、枚数を数えて稲わらでくくり、二つ合わせにして屋根裏に吊り下げて蔭干ししていた。仲買いはそれが黄色くなった時期に買い上げていった。ソテツ葉は現金収入が少ない当時、よい臨時収入だったという。

このソテツ葉の出荷には、有村治峯さんが関わったという。有村さんは与論島出身で大島紬や黒糖、水産業などの事業を興した人物で、復帰後は海運事業に乗り出し、一代で現在の有村商事グループを築き、奄美の経済界のリーダーになった人だ。

有村さんはインタビューで次のように語っている。「私は軍政府以前からソテツ葉とか、タブの葉とか（タブの葉は線香の材料）、アメリカに送ったんです。復帰してからもソテツ葉のアメリカ輸出はしばらくやった」と証言している。有村商事ホームページの会社沿革にも「昭和二十六年二月　アメリカ、欧州にソテツ葉の輸出を営む」とある。何でもないソテツ葉に目をつけるとは、さすが一流の奄美経済人だ。

## 10　旧学校道で交尾中のハブと遭遇

私が久志小中学校に勤めて三年目の一九六三（昭和三十八）年始め、待ちに待った県道ができるということで、工事期間だけは、これまでの海岸線を通っていた学校道が全面通行止めになった。代わりに大正時代にできたという旧学校道を通うようになった。明治、大正時代の人たちにはなじみの深い道だったが、そこを生勝の人たちが村ワク（共同作業）で再整備したのである。

この道は久志集落の山手の方が登り口で、特に独り歩きは寂しい、樹木の生い茂った道であった。二人並んで歩くには狭く、石ころや段差があり、子供たちでも小走りで行き来する道だった。学校への行き帰りに私もこの道を通った。これまでは海を見ながらの行き帰りだったが、今度は登り口から山に向かって歩き出すので、何が出てもおかしくない。山を越え、生勝の田畑が見え出すと安心して歩幅も広くなったものだ。キシ、ヤマダ、田袋、クバンサク入り口、滝も見えた。下り坂をだいぶ歩くと、右手に火番小屋があった。秋の陽はつるべ落としと言われるように日暮れが早い。山道の草木をかき分けながら、独りで帰るのは一層不安である。職場を午後五時と同時に出ても、山道に入ると薄暗く、不気味な鳥の鳴き声と羽音や、ヤブからのガザッという音を聞いただけで気が気でならなかった。

十月に入ったある日の帰り、朝晩は多少歩いても汗をかかず、しのぎやすい気候である。生勝が見えて下り坂になるころ、もうすぐ火番小屋だと思って歩を進めていたら、細い道路に縄ひものような

執筆者がハブと遭遇した現場付近。いまは荒れ、木も倒れ、自然に還っている＝米正道さん撮影

物が横たわっている。しかも動かないから、まさか生き物とは思わなかった。近づいたら見覚えのある独特の模様が大きな〝かたまり〟になっている。

大人たちが用心棒で殺したハブは見たことはあるが、山野で生きたハブに遭遇したのは初めてである。しかも交尾中のハブに遭遇するとは！　縄をなっているように二匹が絡まっているようで、頭が二つ下方に向かって草むらにあって尻尾二つは上方にある。何と一メートル以上もある雄雌のハブが道路上で交尾中だったのだ。

傍を横切ったら足音の振動で飛びかかってくるんじゃないかと思い、だいぶ迷った。付近に用心棒は立てていないし、叩き殺す棒も見当たらない。これから暗くなる一方なのに、久志集落に引き返すことはできない。懐中電灯も持っていない。そこで意を決して「トウトガナシ（仏教でいう「南無阿弥陀仏」と同じ、祈る言葉）」と唱えながら、尻尾のある山手の方を飛び越えた。急いで火番小屋に近い川渕にある稲正秀さん宅へかけ込み、大声で「大変だ！」と訴えた。稲さんは庭の五右衛門風呂で入浴中だった。稲さんは「ぬっちが(どうした！)」。私から事情を聞いて白いまわし姿の裸のままで、門にあった用心棒を片手に現場へ急行してくれた。

くだんのハブ二匹はまだ交尾中だった。稲さんは力強く二匹のハブの真ん中付近めがけて用心棒を振るった。恍惚の最中の突然の一打に一匹は下方に逃げたが、一匹は仕留めてくれた。帰りがてら稲さんは「殺したのがメスでよかった。これからメスは卵を産むシーズンだから」とほっとして語っていた。

農作業をする人たちが多かったシマの人たちは各家庭に時計を持っている家も少なく、時報は唯一購買店の前にあった時鐘《ときがね》で、正午になったら店の方が鐘を打って合図したものだ。冬場は日暮れが早いから午後五時、夏場は同六時の鐘が合図だった。田畑で仕事をしていた人たちも鐘の音で「もう昼じゃ」「もう夕方じゃ」と仕事を切り上げて家路についた。稲さんもそういう時間に帰ってこられて、明るいうちに風呂に入っていたら、私のハブ騒動に巻き込まれた。稲さんは当時、区長をされていたのではと思う。

私もまだ若く、命にかかわるような危険が身に迫ったときは、判断力がいかに大事かということを思い知らされた出来事だった。

その時かかわった方たちも亡くなり、遠い昔の語り草となってしまった。ハブの話題があるときは、いつもこの体験が思い出される。生きてきた中で一番忘れ難い出来事だった。

## 11　テレビで初の東京五輪観戦

上皇さまと上皇后さまのご成婚、結婚パレードがあったのは一九五九（昭和三十四）年四月十日だった。このころ、日本でテレビが爆発的に普及した。しかし奄美のテレビは、NHKがトカラ列島の島伝いにテレビアンテナを立てて中継で伝える方式で、本土よりも普及はかなり遅れた。だが一九六四（昭和三十九）年の東京オリンピックは、テレビ中継を宇検村でも見られたようだ。久志校区で初めてテレビを購入したのは宇検集落の要さん宅だったらしい。

競技も終盤に近い十月下旬、競技の中で最も人気の高いバレーボールがあるということを知ったのは南海日日新聞報道であった。新聞報道されても、船便で配送されるから一、二日後に配達される。学校の職員室には電話もなく、緊急の用事や連絡は、校門近くの郵便局まで走らなければならない。局員も大変だったことだろう。

バレーボールの決勝戦は〝東洋の魔女〟日本とソ連で、体育の先生は「この実戦を見たいものだ」と言っていた。学校にはラジオもなかったし、通信手段は他にない。そこで宇検集落から通勤している先生が「要さん宅にテレビがある」と聞き込んだ。さっそく先生たちが「試合のある晩だけ視聴させて」とお願いして、退庁後に行くことになった。

試合が見られる嬉しさもさることながら、日暮れの早い通学路は薄暗くなっていたから、帰りも考慮して久志在住の先生たちは懐中電灯を持って行くことにした。生勝在住の二人は懐中電灯の準備がなかったので、夜道の灯りも便乗である。

いよいよテレビでは、選手や監督の紹介である。〝鬼〟の大松博文監督や河西昌枝《かさいまさえ》主将らが次々と発表された。モノクロの映像で今と比較すると画面も小さかったけれど、実況生中継で画面に映る応援席やアナウンサーの声も一段と大きく、会場は大入り満員である。日本中が画面を眺めているだろうと想像しながら見入った。

試合が始まった。点を取ったり取られたりの繰り返しで、白熱した展開。相手のボールを選手が倒れながらボールを受けて、ひっくり返って素早く起き上がったのを見て、中学の体育の先生も「初めて見る動作だ」と感心していた。これが当時のバレーボールで話題になった「回転レシーブ」だった。その後、どの学校でも回転レシーブがはやったが、久志校では体育館がなかったため、校庭ではなかなか回転レシーブの練習までには至らなかった。

試合は点の取り合いが続き、世界一と言われていたソ連にはどうかなと思っていた矢先、とうとうマッチポイントになり、これが決まって金メダル獲得になった。かたずを呑んでテレビを見ていた全国民が大歓声を上げて喜んだだろう。マッチポイントで相手がオーバーネットをした瞬間、アナウンサーの声が聞こえないほどの歓声と拍手が鳴り響いた。

「日本は金メダルだ！　世界一になった！」。喜びの声を発しながら要さん宅を後にした。久志や生勝に帰る先生たちは、暗い夜道を懐中電灯の灯りとともに足どりも軽く、興奮冷めやらぬ心境で家路を急いだ。テレビが各戸になかった時代の懐かしい思い出として消えることはない。

当時のバレーのオリンピック選手が、また一人昨年旅立ったという報道が流れたが、あれから六十年という月日がたったのか。

## 12　桟橋ができた

遠浅のため、長く延びる生勝の桟橋

宇検村から奄美の中心地・名瀬（現・奄美市）に行くには、現在では車で一時間ちょっとかかる程度だが、昭和四十年ごろまでは、焼き玉エンジンのポンポン船の定期船で行くしかなかった。米子丸・豊丸・平運丸が、各集落を経由して東シナ海を名瀬港へ四時間余りも北上して行くものだった。名瀬の立神近くを抜けて築港へ接岸した時は「やっと名瀬に着いたか」と、みなホッとするものだった。

夏休みに名瀬の桟橋広場では「カランン、カラン」とベルを鳴らして、アイスクリームを売る人がよく回って来た。シマにはない珍しさでよく売れていたようだ。割り箸を一本挿しただけの冷菓だったが、当時五円ぐらいだったし、特に子供たちに喜ばれた。一人の婆さんが「名瀬市街地に住む孫のために」と、お土産にアイスクリームを弁当箱に入れた。着いてみたら汁と箸だけだったという、笑えぬ逸話もある。

湯湾を出発した船は、集落ごとに客を乗せるため時間を要した。板付け舟で定期船に横づけして船員がお客を引き上げて乗せる。子供やお年寄り、妊婦の方は大変だったようだ。

定期船に乗るとき、海が少しでも荒れていたら板付け舟が揺れてタイミングよく上がらないといけないので大変だった。だから各集落とも、桟橋の建設は何よりも悲願だったと思われる。

生勝の桟橋は、一九六一（昭和三十六）年四月に完成した。四月十五日に落成式をしたことを覚えている。私どもが名瀬から引き上げてきたのは、まさにその日で、出来立ての桟橋に横づけしたのを思い出す。便利で楽になり、しかも安全で、集落民もことのほか喜んだ。

冬場の荒海や台風時は、よく定期船が運休したので、次の願いは県道の完成とバスの開通だった。村の中心地・湯湾までバスが通り、次に芦検までバスが行くようになると定期船がなくなり、それぞれの集落へバスに間に合うようにポンポン船が通い始めた。宇検・久志・生勝は「宇検丸」、対岸の集落へは「かもめ丸」という船だった。桟橋ができて八年後の一九六九（昭和四十四）年に生勝にも待望のバス路線が開通した。

## 13　学校の運動会

娯楽の少なかったシマの人々にとって、学校の運動会が正月・お盆についで最も楽しみな一大イベントであった。普段はサツマイモやソテツの実で作るナリガイ、幹で作るシンガイだったが、運動会当日は白いご飯に美味しいおかずを重箱に詰めて、昼食は家族揃ってご馳走を食べて喜んで過ごしたものだ。

久志小中学校の正門にはソテツ葉で飾りつけをして華やかさを演出していた。競技選手のハチマキの色も宇検集落は赤、久志集落は白、生勝集落は黄色で、三集落の応援場所は縄で仕切られていた。三集落の競技は、主役の児童生徒にとどまらず、大人たちも出場し、応援も激しかった。

生勝の応援席では、特に稲牛憲さんの派手な着物姿で日の丸の扇子を持ち、動作も目を引くパフォーマンス、滑稽な応援の仕草が、今も心に焼き付いている。

特に宇検集落への対抗意識が強く、プログラム最後の三集落対抗リレーでは、負けないために様々な工夫を凝らして臨んだ。一週間前から選手たちには集会所で賄《まかな》いがあり、特にヤギ汁とか、白米ご飯で元気を付けた。スットグレ（根性）魂の様子が、運動会の応援歌詞によく描かれている。

保護者の競技や中学生の競技には、当時稲作をしていたから〝縄ない競争〟や竹を長く削った〝輪回し競技〟、それに〝俵担ぎ競走〟など、当時の世相を反映した種目が多かった。

生勝の運動会応援歌

〽もしも相手が勝ったなら　焼いた魚が泳ぎだす
描いたダルマさんが踊りだす　電信柱に花が咲く
夏の暑さに雪が降る　太陽は東に沈む

〽きっと勝ちます勝たせます　生勝の選手に勝たせます
どしてん、こしてん、どしてん、黄の勝ち
よその者はあらえんこらえん　負けるなよ　てんてこてんこ

〽高千穂神社の神主が　おみくじ引いて申すには
いつも生勝　勝ち勝ち　勝ち勝ち
フレイ生勝　フレイ生勝　フレー、フレー、フレー

〽見よや生勝　我が選手　負けるな生勝　我が選手
勢いするのは駿馬の如く　走る姿は勇ましや

〽荒波吠える崎原の　波の花咲く長崎の
渡れば　海水浴ホーム　その名も高しコデン浜

## 14　アラセツの八月踊り、ヤー（家）廻り

奄美諸島の一番大切な生産暦による夏正月に相当する行事はアラセツ（新節）で、旧暦八月の最初の丙（ひのえ）の日。この後の壬（みずのえ）の日のシバサシ、甲子（きのえね）の日のドンガと合

わせ、「新八月（ミハチガツ）」と総称する。ドンガの日は土葬した人の墓を掘り出して、骨を拾い、真綿で包んで甕に納めて再び埋めた。これを改葬という。改葬は、その人が死んで奇数年の三・五・七年目に行う。死んだ人の頭蓋骨を洗い清めるのは主婦の役目で、傘をさして太陽の光が当たらないように注意するものだった。

この期間は、八月踊りがあるほか、家々の先祖の霊を迎え、墓参りをするなど先祖参りの色彩が濃い。最近はサラリーマンが多くなって、旧暦八月の十五夜前後の日曜日に集落の広場のアシャゲ（本来はノロが天空の神様オボツカクラと、海の神様ネリヤカナヤを迎える空間、建物のことをいうようだが、生勝は相撲場がある広場になっている）にある相撲場で、年齢別や親子の相撲大会が行われる。相撲の強い男はシマのヒーローで尊敬を一心に集めていた。

その後、集落民全員が同じ場所で八月踊りを踊る。一年間の豊作に感謝し、それをもたらした祖先に敬意を表す「豊年祭」としての色彩が強いようだ。生勝では、昔は広場で八月踊りを踊り、さらに、トネヤから集落の一軒一軒を廻って庭で踊る「ヤー廻り」をし、一晩中踊り狂うものだった。

普通は親ノロの家からスタートするのだが、生勝ではトネヤ（ノロ組織の唯一の男性補助役のグジヌシが住む家）から踊り始めて、ヤー廻りが始まる。当時は戸数もかなりあったから一軒一軒廻るのはだいぶ時間がかかった。

ウイブラリ・ソーデ（池正則さん宅が一番上だった）からシモブラリに下がる頃は、明け方の四時ごろだった。踊り連が来る三十分ぐらい前には先導役の人が来るから、各家では焼酎やつまみ、サトイモなど表の部屋や縁側に準備していた。踊り連の人たちがヨーハレの八月唄を歌いながら「じょう口（門）」から来ると、狭い庭は若い踊り手でいっぱいになり、「おぼこれ節」で始まって、三、四曲踊った後、「アラシャゲ」で最高に盛り上がる。そうして次の家に行くのだ。最後のワギジャ方面（芦検側）は朝方になり、いくら若い青年団でも夜通しの踊りにヘトヘトになる。

朝方に芦検側の村はずれにある名越健一さん宅の近くの道路から「おぼこれ節」で始まり、最後の「アラシャゲ」に向かって踊りながら進むときは、女子の方も〝すったいだれた（真から疲れた）〟ような格好で、踊りにはならないような踊りであった。アシャゲに着いたら、出発したときのように土俵の周りで踊って、やっと解散だった。

アシャゲの踊り始めも参加者が少なく、昔のにぎわいはない＝米正道さん撮影

聞くところによれば、ヤー廻りは一九六二（昭和三十七）年頃まで続いていたようだ。現在は旧暦八月の十五夜前後の日

曜日、相撲の終了した後に総出で踊っているが、踊り手、歌い手も高齢者になり、後に続く若い人たちがどう継承していくか、と心配するところだ。

ティディミ（馬皮を張った奄美独特の小太鼓）を叩くのは奄美市笠利町のように女性ではなく、生勝では決まって男性が担当している。最近は人口減で寂しい八月踊りになった。

## 15 タダより高いものは

入り江の深い焼内湾は、穏やかな水面の至る所に岬が延びている。海に面したその裾は太い白線を引いたような砂浜に縁どられ、アダンの茂みとマッチしている。絵になるような風光明媚な景色がかつては見られた。どの集落も海辺に面し、交通手段といえば山道の徒歩か、二、三人乗りの板付け舟、ポンポン船の類《たぐい》であった。舗装された県道が通ってからは、バスか車での移動が一般的になった。

私が生まれ育った生勝集落から約二キロ離れた所に、母校で勤務先の久志小中学校がある。日ごろは山道を行き来していた。つづら折りの道があるかと思えば、田んぼや波打ち際がすぐ近くまで迫る場所もあった。シマ（集落）の草木は年中緑豊かだ。

狭い道路には時たま、場所を問わずに猛毒のハブも出没してシマの人々を悩ませていた。学校道には約十メートル間隔にハブ叩き棒が置かれていた。だから帰路に就くころに便乗できる舟でもいたら、とても安心したものだ。こういう環境で生活しているシマの人に、舟に商売用の品々を積んで各集落を回って商いをしている生勝のおじさんがいた。このおじさんは焼酎が三度の飯より好きである。

恐怖の「事件」が起きたのは、一九六二（昭和三十七）年五月のある晴れた夕方であった。おじさんはお茶とカツオ節の商売のため、学校のある久志集落に来たということで、久志小中学校の校門の近くで私と会った。「自分はこれがすんだらすぐ帰るから、あんたも一緒に舟に乗ってもいいよ」と、舟への同乗を勧めたので、内心、これで早く自宅に帰れる、よかった、と思いながら「ありがとう。それじゃ私は板付け舟に乗っておじさんを待っているから」と桟橋に繋いだ板付け舟に乗り込んだ。従来の板付け舟は人力でヨー（櫂）をこぐ舟だったが、このころはエンジン付きの舟もあった。しかしおじさんはどこに行ったか十数分たっても現れない。しびれをきらせていると「ちょっと友人宅に寄って来たので――」と、顔を赤らめて舟に戻って来た。焼酎の臭いがして「これで運転できるのか」と飲酒運転に不安を覚えた。

おじさんは何もなかったように、エンジンをかけて油を流したような水面を軽快な音を立てながら進む。しかし、長崎鼻を回ったころから、体を傾けてうとうとしだした。舟はジグザグに進みだした。見たところおじさんは早くも爆睡中だった。舟の舵の紐《ひも》が手から外れている。私は慌てて舵棒を取り、舟を直進させた。休日に父の舟で釣りに行った時、舵の操り方だけは覚えていたのだ。片手で舵を取り、もう片方の手でおじさんを揺すったり、耳を引っ張ったりしたが、おじさんは目を覚まさない。尾羅岬を過ぎ、あと二、三分で生勝の桟橋に着くのに、おじさんはそれでも爆睡中だった。

桟橋から約二十メートル離れた海上に竹で編んだカツオ釣り用のキビナゴを生かしておく大小の生け簀が三つあり、その大きな竹かごを壊さないよう大きな生け簀の周りに沿ってエンジンが切れるまで頑張って舵を切るしかない。エンジンの切り方まで学習すべきだった。エンジンを止めることはできない。舟の燃料がなくなるまで生け簀の周りを走らせる以外に方法はない。

異様な光景にシマの人たちが次々に浜に下りて来た。何か叫んでいるようだが、おじさんはぐっすり寝ているし、舵取りをしっかりしないと、生け簀にぶつかって舟が大破すれば命もあぶない。燃料が無くなるまで生け簀の周りをめぐることしかできない最大のピンチになった。

ちらっと桟橋の方向を見ると、一人の男性が海に飛び込んで何か言っているように聞こえた。飛び込むからには、何か救助の方法があってのことだろう。その男性はものすごい速さで泳いでいたが、「もう一度生け簀の周りを回って来い」と言って回って来た時、走っている舟に飛び乗ろうとしたが失敗し、三度目に両手でうまく舟べりにつかまり飛び乗ることができた。そしてその男性は「舵の手をゆるめるなよ」と言い、速度を落としながら無事、桟橋に着岸できた。それでもおじさんは舟の中でまだ爆睡中だった。おじさんは飲むとすぐ寝込むくせがあることなど、知るよしもなかった。

多くの人たちの歓声とも安堵ともつかぬ喝采の嵐で、私は迎えられた。私の恐怖心は収まらず震えが止まらない。おじさんはというと「飲んだらいくら起こしても当分は起きない」と、あきらめてそのまま桟橋に舟を係留して、皆は家路に帰っていった。家路に就く道すがら「焼酎飲みの舟に乗るからよ」という声の一方、「無事で怪我無く本当によかった」「大変だったね」という、ねぎらいの声が多かった。

当時海に飛び込んだ男性も今では七十歳の坂を越え、たまに帰省するとよくその時の話をする。天国に往ったおじさんは、事情を知って申し訳なかったと、反省しているだろうか――。

## 16 大島紬と泥染め

奄美の経済を支えた大島紬。ひところは、どの家からもカラン、コロンと紬を織るオサの音が響いていた。生勝でも締め機、ドロ染め、織りとほとんどの方が紬に関わっていた。しかし昭和四十年代に入って安価な「韓国紬」が入り、その上、和装ブームも去って、紬業界も衰退している。

奄美新聞によると、大島紬は一九七二（昭和四十七）年の二十九万七千六百二十八反をピークに韓国紬の流入や日本人の和装の減少に加え、織り工をはじめ業界の高齢化も加わって年々減少していった。二〇二一（令和三）年実績は三千二百九十反にまで衰退している。本場奄美大島紬協同組合のまとめた二〇二二年の生産実績は二千九百六十反。ピーク時だった半世紀前の百分の一に落ち込んでいる。組合の紬従業者は

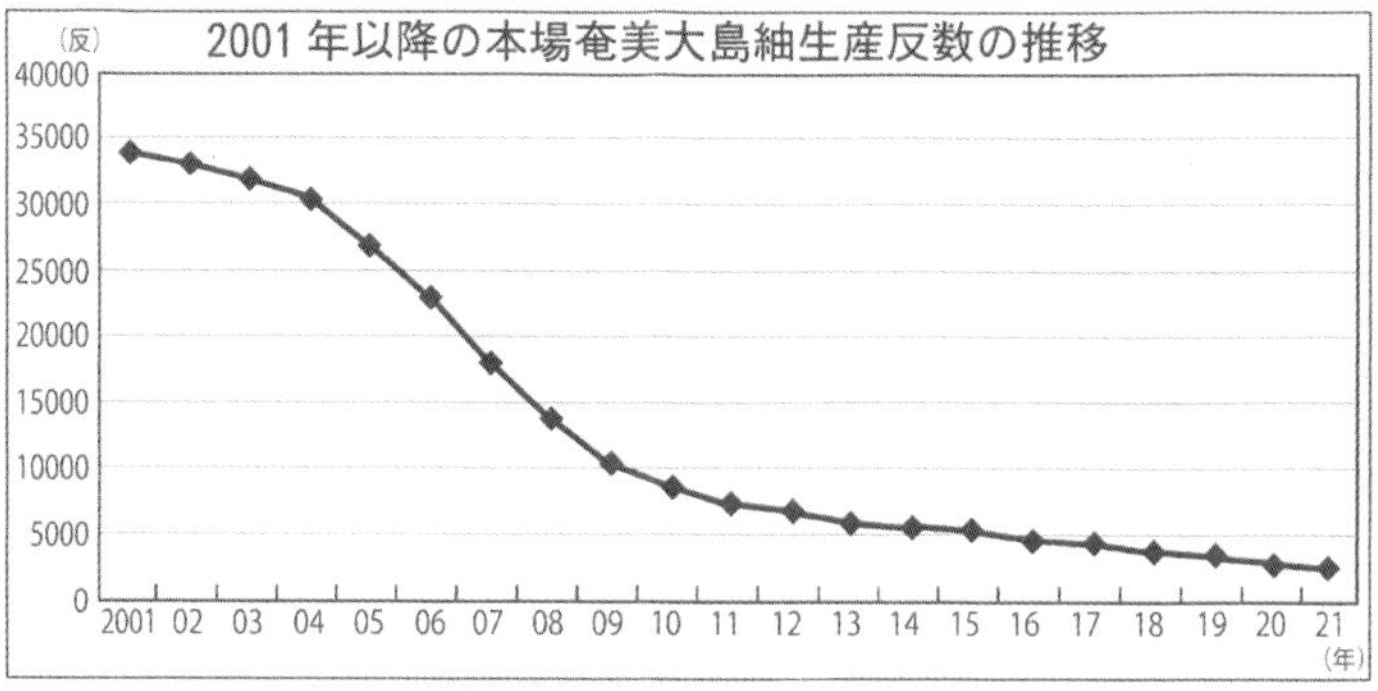

2001 年以降の本場奄美大島紬生産反数の推移＝奄美新聞から

二〇〇五年の千八百八十九人から二〇二二年には五百七十人に減少している。従業員の高齢化も深刻で、平均年齢は七〇・八歳となっている。

大島紬の起源ははっきりしないが、南日本新聞によると、大島紬を研究している鹿児島純心女子短大名誉教授の西之園君子さん（八十歳）は、中国、琉球、久米島などを経由して織りの技術が流入したと考えられるといい、柄の緻密さや着心地の良さは世界に誇るべき織物と強調している。

文献上、最初に大島紬が出てくるのは、幕末期に奄美に流罪になった薩摩藩の上級武士、名越左源太が書いた幕末期の奄美の博物誌『南島雑話』だ。それによると、宇検間切は優秀な真綿の産地で、

宇検間切の邨々《むらむら》他方に抽（抜きん出）人気働に励んで養へり。宇検方の真綿は製方能く色白ふして見涯《みはて》至り綺麗なり。宇検真綿と名に高し。

と、大島紬の糸の原料になる真綿の産地で、その真綿は色白で大変綺麗で「宇検真綿」として有名だ、とべた褒めし、カイコの食べ物である桑の葉を摘む図や蘇鉄の葉に繭を掛ける図など詳細に説明している。このことから幕末期には宇検村の各集落で真綿づくりが盛んに行われたことが想像される。そういえば私が小学校低学年のころ（昭和二十五、六年ごろ）、家でカイコを飼っており、カイコが桑の葉を食べる「サク、サク」という音が夜中中響いていたものだった。また畑に実る桑の実をちぎっておやつにするのも楽しいものだった。

『南島雑話』には泥染めのことも記録されている。泥が腐ったのを「ニチャ」という。「田や溝、川などの腐った土に糸をつけて何度も染めるとネズミ色になる。染める泥の良し悪しを島の女たちは実によく見分ける」と記録している。当時は女性も泥染めを担っていたのだろう。奄美の女性は昔から働き者だったことが分かる。

大島紬の特徴は、泥が生んだ気品ある「泥染め」だ。泥染めの最高の泥が「生勝の泥」だという。生勝の泥は鉄分が多く色よく染まる、と業界で大評判を呼んだ。藩制時代に奥山には銅鉱山があったということから、生勝の田は鉄分も多かったのだろう。それだけに、小さなシマに多くの染色業者が生まれ、勝山善三さん、山下徳治さん、山下栄禎さん、生元栄益さん、山下長一さんらが泥染めに従事していた。しかし、化学染料が流行り出して昭和五十年前

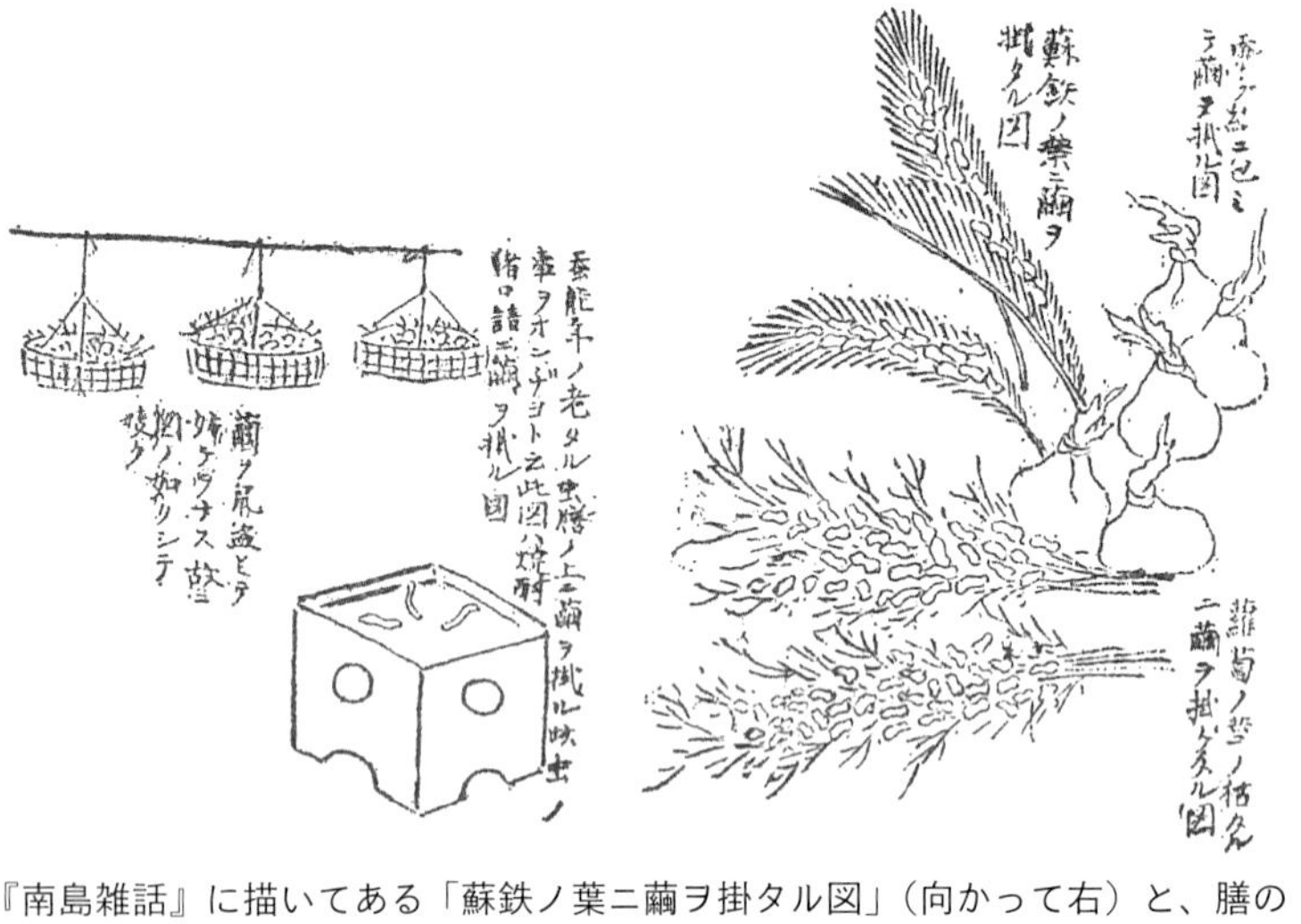


『南島雑話』に描いてある「蘇鉄ノ葉ニ繭ヲ掛タル図」（向かって右）と、膳の上に繭を掛け、ネズミ除けに籠に吊るした繭図

後には、相次いで廃業に追い込まれた。多くの生勝出身の紬親方も次々と廃業してしまった。

薩摩藩は、一七二〇（享保五）年に代官や島役人以外の紬着用を禁じた。ということは、それまではシマの人々が自由に紬を着ていたことになる。大島紬には、こんな逸話がある。

「役人と侍以外は大島紬を着てはいけない」と〝おふれ〟があり、島民は自分たちが織る紬を着ることができない〝不満〟を持ちながら紬織りに精出していた。ある時、役人が検査のため、集落を回っていたら、紬を隠し持っていた人が、近くの田んぼに投げ入れて泥の中に隠してしまった。後でその反物を取り出して乾かしてみたら、なんと光沢のある美しい反物になっていた、という。難が転じて福となった実例でもあった。

生勝の泥田の成分には多くの鉄分が含まれていて、テーチ木（シャリンバイ）の渋みのタンニンとうまく合体して、光沢が生みだされた、ということが分かったのだ。それ以来、反物の紬も高価で取り引きされるようになった――というのだ。また流刑になった西郷隆盛の助言もあり、役人にかけ合い、やっと島民が自由に仕事に精出すことができたという。泥染めが盛んになったのは幕末以降ではなかったか、といわれる。

先にも述べたが、昭和四十～五十年代をピークに、大島紬に従事する人たちもだいぶ少なくなり、従事する人の平均年齢も七十歳以上が大半を占めているようだ。奄美が発祥の大島紬もこのまま廃れていくのではと危惧されている。

## 17　「農村小唄」で明日への希望

終戦後の日本の本土では、苦しい生活の中で「リンゴの唄」を歌い、明日への希望をつないだ。一方、米軍の異民族支配という二重の十字架を背負わされた奄美では、老いも若きも、明るく希望に満ちた「農村小唄」を歌いながら荒地畑《あらぢばて》の開墾に精出していた。

その「農村小唄」を作詞したのが、久志校区の宇検集落出身で当時、名瀬郵便局勤務の政岡清蔵（号は星洞）さんだった。

一九四六（昭和二十一）年二月二日に、北緯三十度以南の奄美群島が日本本土から行政分離され、二十万郡民は米軍の施政下で、異民族支配という異常な状態に置かれた。敗戦で焼け野原になった島々。食料は慢性的に不足している。そこに復員兵が帰って来た。ソテツの実を材料にする「ナリガイ」や、ソテツの幹を砕いて晒し、毒を抜いた澱粉を焚いた「シンガイ」で今日の命を繋ぐほかない。

それでも郡民の文化による再生の気概は高く、誕生したばかりの南海日日新聞の社主村山家國さんが「島かげ」という新民謡を作詞したほか、同新聞も一九四八（昭和二十三）年には島民に新作民謡の歌詞を公募した。その一席に輝いたのが、政岡清蔵さんの「農村小唄」だった。政岡さんは若い時から俳誌「冬木」に入門し、島村麦平さんに句を教わっていた。

政岡さんはその後、出水電電公社に勤務地を移した。一年忌に句集『唐鍬《とうげ》　政岡星洞遺句集』を家族が出版された。「農村小唄」の一番は、

〽唐鍬《とうげ》ぬ軽さよ　ヤレ加那と打ちゅるよ
荒地畑《あれぢばて》ぬ　荒地畑ぬ
ソレ唐鍬ぬ軽さよ　ソレ唐鍬ぬ軽さよ

で、始まる歌詞にメロディーをつけたのが当時、アコーディオンを胸に、島の新民謡で人気を博していた村田実夫さんだった。軽快なリズムで、今は苦しいが、明日への希望を予感させる歌詞がマッチして、全群島にのろし火のように歌い継がれて大ヒットした。皆が「唐鍬の軽さよ」と口ずさむほどだった。

ジリジリと焼け付く炎天下で険しい奥山に〝三斤唐鍬〟を打ち込む開墾作業は、血の滲むような重労働だった。トウゲとは、頭部が鉄で木の柄をはめた鍬のこと。木の根を掘り起こすときなどに使う農機具。荒地畑とは山を開墾してサツマイモなどの作物を作る畑のこと。終戦後の奄美では盛んに開墾されていた。そのトウゲをふるって食料を収穫して「高倉建てろよ」と続く歌詞に、勇気づけられた島民は多かっただろう。高倉を建てる、ということは「高倉に貯蔵するほど作物に恵まれる」ということだ。

宇検集落の入り口に立つ「農村小唄」の碑

さっそく作曲した村田実夫さんは政岡さんを引き連れて、久志小中学校で「農村小唄」の発表会を開いた。当時の久志小中学校には体育館はおろか講堂もなかった。宇検・久志・生勝の三集落の校区民約三百人を収容するため、三教室の壁を取り払い会場に充てた。会場は喜びの校区民で熱気ムンムン。政岡さんの義弟・大島安徳さんの話だと、村田さんは、政岡さんの歌詞を「打ちひしがれた島民の心に火を灯した傑作」と、べたぼめした。政岡さんも「皆さんのお陰です」と頭を下げ、万雷の拍手を受けた。村田さんの弾くアコーディオンに、観衆からはアンコールが相次いだ。

政岡さんは、一九〇九（明治四十二）年に宇検集落に生まれ、一九三〇（昭和五）年大阪逓信講習所普通科卒、一九四三（昭和十八）年応召、一九四五（昭和二十）年復員、名瀬郵便局に復職し、同年八月に南海日日新聞と名瀬市主催の公募に「農村小唄」「名瀬小唄」「経済建設の歌」でそれぞれ一席入選。復帰の年に「奄美大島の復帰」で三席入選。一九五三（昭和二十八）年三月に出水電電公社へ、さらに鹿屋、川内、鹿児島局に転勤、一九八〇（昭和五十五）年二月一日に七十一歳で逝去されている。

ちなみに南日本新聞社元社長の水溜榮一さんが、共同通信社加盟の地方紙の集まりで「農村小唄」を歌ったら大好評だったと話していた。筆者（名越護）から歌の由来を聞いて、水溜社長

「農村小唄」を作詞した政岡清蔵さん

は「奄美のそんな苦しい時代に生まれた唄だから、皆の心に響いたのだろう。それを知っていれば、奄美の日本復帰の話もするんだったのに」と述懐していた。「農村小唄」は今聞いても当時の奄美の心意気が感じられる名曲である。

## 18　ケンムン談議

奄美群島には昔からケンムンと呼ばれる妖怪がいる、いや、いるらしい。ケンムンはケンモンと同義語で、沖永良部島ではヒーヌムンともいう。身長は子供の丈ほどで、顔つきは犬や猫、猿に似ており、毛が生えている。目は赤く、鋭い目つきで、口は尖っている。髪は黒または赤のおかっぱ頭で頭頂には皿があり、胴体に比較して手足が異常に長く、悪臭をともなうヨダレは青白く光っている。木の妖精とも海の妖精ともいわれ、本土のガラッパや沖縄のキジムナーとよく似ている。めったに姿を人間に見せない。馬や牛それに周囲の植物にも化ける習性を持つ。

車の通れるような道路や電灯もなく、村々がそれぞれ独立した小宇宙を形成していた戦後しばらくまでは、「相撲を挑《いど》まれた。勝っても次々挑まれるのでヘトヘトになった」とか、「道を惑わされてナメクジを食べさせられた」などと、〝悪さ〟をする妖怪として人々は畏れた。ケンムンの悪口をいうと祟りがある、と信じられている。

ケンムンにも弱点があり、頭の皿の水がこぼれたら力が弱るという。ヤツデマルと呼ぶタコが大嫌いだ。ケンムンに出遭ったら「ヤツデマル！」と叫ぶと逃げるという。ガジュマルの木が彼らの住処だったが、近代化が進み、ガジュマルの伐採がすすむようになってからケンムン話も少なくなった。

ケンムンは人に悪さをするばかりではない。薩摩藩の上級武士・名越《なごや》左源太の書いた『南島雑話』では、人に会うと、その人の代わりに薪を背負って加勢をする善良な妖怪として描かれている。左源太が聞いた幕末期のケンムン像は、

> 好て相撲をとる。適々《たまたま》其形をみる人すくなし。且《かつ》て人にあだをなさず。却《かえっ》て樵夫《きこり》に随《したがい》、木を負《おう》て加勢すと云。必ず人家をみれば逃去。住用の当幾に尋て図す。

と書いている。また、タコにいじめられているケンムンを助けた漁師が、そのお礼に籾を入れなくとも米が出てくる宝物をもらった、という話もある。

ケンムンの棲み家は、ガジュマルやアコウの木で、これらの木の根元に貝殻がよく落ちているが、これらはケンムンが貝を食べた跡だという。生勝集落でアシャゲと呼ぶシマの広場近くにガ

名越左源太が描く善良なケンムンの姿（幕末期）

ジュマルの老木があったが、その幹には「魔除け」の五寸釘が打ち付けられていた。現在では公民館建設のために、この老木は切り倒されて、代わりに広場の端っこに若木が植えられている。

第二次世界大戦中、空襲を避けるため、山奥のガジュマルの木の下に避難したところ、食事をケンムンに食べられたという話が伝わっていた。その際、ケンムンの姿は見えず、ガチャ、ガチャ、食器を鳴らす音だけが聞こえたらしい。

ケンムンの出現は、人々が〝目に見えないもの〟を感じ取る感性と、それを可能にする自然の豊かさを表現している。

昔からケンムン話が豊かな宇検村は、数年前から「ケンムンの棲む郷　宇検村」をＰＲし、シンポジウムなどを開き、観光や地域振興に生かしている。小中学生にケンムン像を描いてもらい、ケンムンの所作を像にして、「ケンムン捜し」を楽しめるように道路傍のヤブやバス停・公園など村の六カ所に設置している。村は「見えないモノを感じる観光」を掲げて二〇一二年に「ケンムンの館」をオープンさせた。

科学が進んで人の心が逆に精神的にギスギスしている今こそ、ケンムン話がもっと盛り上がってもいいような気がする。ケンムンの出現場所は昔から人間が入ってはいけない聖地の場合が多い。そこはまた、自然が豊かな空間でもある。ケンムンに遭遇する場所は、神のいる異界と人間の現世との境界域、つまり〝神の領域〟に近い場所が多い。

そこは科学では説明できない、人知では考えられない異常な体験をした島人が多いのだ。ケンムン博士として有名だった旧名瀬市の恵原義盛さんは南海日日新聞に「ケンモン考」や「奄美怪奇抄」という連載を書いて、一九八四（昭和五十九）年には『奄美のケンモン』という単行本も出版している。ケンムンは奄美の住民にとって興味深い身近な存在であった。

ケンムンは、奄美の人々の自然に対する畏敬や豊かなイマジネーションが込められている。奄美がユネスコの世界自然遺産に登録された今だからこそ、ケンムン談義も必要ではないか。生勝で語られているケンムン話を述べてみよう。

## ナメクジを食べさせられる

「ケンムンの存在は信じるね。ケンムンは絶対にいる」と、生前語っていたシマウタの第一人者、坪山豊さんが体験を語っている（中村喬次著『唄う舟大工』）。

それによると、戦後に糸繰りをしていたある冬の日、キージョ御主《うっしゅ》（池喜次郎さん）と豊さん、それに生忠男さん三人が竹を切りに行った。大和村今里に通じる道の途中に大きな岩があり、それはナビロ石といって湧き水が滴り落ちている。昼なお薄暗く霊の存在を感じる場所である。山の神やケンムンがよく出ると村人たちから恐れられていて、どんな剛毅な男も急ぎ足で通り過ぎる〝魔の場所〟だ。

その手前に「シンニョ」と呼ばれる山があり、谷間の一角に豊かな竹林がある。三人はここで竹を切り、枝を払い、それを三束にして引き揚げた。忠男さんは父の平吉さんが竹細工をしていたため、父に代わって同行していたのである。

冬の日は短い。三人はタバコを吸うのも早々に、竹を担いでキージョ御主を先頭に、豊さん、しんがりに忠男さんの順で、竹がすれ合う音を頼りに急いで山道を帰路についた。足元に注意を払いなが

宇検村内の６カ所に設置されたケンムン像

ら黙々と歩いていたが、本道に出るころに豊さんはふと、不吉な予感がした。後ろで竹竿のぶつかる音がしなくなっている。試しにちょっと立ち止まった。忠男さんは遅れているのか、姿が見えない。人の気配もしない。豊さんは何とも知れない恐怖が足元から這い上がってきた。

「キージョ御主！」。豊さんは先を行く〝老人〟を呼び止めた。

「忠男が見えない！」「ちょしもてぃ」

老人が悲鳴を上げた。自分が若い二人を誘ってきた責任があるだけに、老人の動揺ぶりはひと通りでなかった。しかも辺りはだんだん暗くなっている。

二人は、忠男の名前を呼ぶが、うんともすんともない。「豊、お前はあの木に登って呼んでくれ。高さ十メートルもあるカシの木だ。豊さんはそこから同級生（忠男さん）の名前を大声で叫んだ。それでも返答はなかった。

二人は枯れ枝を集めて火を起こした。パチパチと火が爆《は》ぜる。ティコホ（フクロウ）が陰気な声で鳴き出した。今はこの焚火の炎が忠男さんの頼りになるはずだ。どれぐらいたっただろうか。「人の声のような、足音のような音がする」とキージョ御主は言った。闇のなかに微かに動く影をとらえた。ハッと息を呑む。二人は「忠男！」と叫んだ。それは幽鬼と見間違う姿だった。忠男は何を聞かれても返事をしない。

そして突然、体を二つに折り曲げてゲー、ゲーやり出した。キージョ御主は子供をあやすように、忠男さんの背中をさすり続けた。胃液のようなもののなかに、だんご状の塊が混じっていた。忠男さんは、ケンムンにナメクジを食べさせられたようだった。

今度は、忠男さんを真ん中にして帰宅を急いだ。豊さんが、ケンムンの実在を信じるようになったのは、このような生々しい体験があったからである。村人たちは「マヨー（魔妖）なものに惑わされる」という。魔妖なものとは、ケンムンのことにほかならない。

### マシュ炊き小屋に現れた妖怪

生勝の尾羅のマシュ（塩）炊き小屋での出来事。山下忠茂さんと中村忠夫さんの二人が夜半のマシュ炊きを交代することになって、忠茂さんが新しい薪を持ってこようと小屋の外に出た。すると、うっすらと見える向こうの方から小学一、二年生ほどの子供が近づいてきた。この時刻、子供が出歩くのはおかしい。「ケンムンに違いない」と二人は小屋に入り、タバコをふかしながら外の様子を伺っていた。

しばらくして外に出たときは、もうくだんの子供の姿はなかった。近くまで来たが、ケンムンは火を最も苦手とするので逃げたのだろうということだった。

## 突然山から小石の雨

昼間、山田イツ子さんたちが、友達五人で板付け船を漕いで芦検側のケタグラ（小字名）に向かっていたときのこと。トグ崎（徳崎）の手前のネグリ浜付近を通りがかったとき、突然、山の上から小石がパラパラ落ちてきて、ボチャン、ボチャンと海面を叩く音がした。

イツ子さんらは「上に道路や畑もなく、こんな岩や木しかない所で、人影もないのに――」と不思議がったが、皆無口になり、急いでヨー（櫂）を漕いで先を急いだ。海に突き出ている瀬に近づいたら、タコが出たり、隠れたりするのが見えた。

急いで舟にあった竹片を取ってきてタコを突いて仕留めた。このタコを舟のさじきに置いて皆ケタグラ浜に上がった。ところが舟を離れてしばらくして帰ってみると、そのタコが姿を消していた。イツ子さんらは「きっと石を投げたケンムンが、タコを奪ったのだろう」と納得していたという。

しかし、一般にケンムンはタコが大嫌いだ。それをなぜ奪い取るのだろうか。人に悪さをするケンムンが、大嫌いなタコを奪うはずがないが――。生勝のケンムンは、タコをも恐れない特殊な能力を持ったケンムンだったのだろうか。

ケンムンが石を投げて人を困らせる話や夜釣りの際に釣った魚の目をすべてくり抜き〝目なし魚〟にする、という話（ケンムンは魚の目が大好物だという）はよく聞くが、大嫌いなタコを奪われたというのは、イツ子さんの誤解だろう。イツ子さんたちが浜に上陸した間に、たぶんタコが生き返り、舟べりを這い上がって海へ去ったのだろうか――。

## 荒地畑づくり中にヤギの臭い

筆者の父・名越尚茂は、旧日本軍の通信隊員として喜界島に応召され、一九四五（昭和二十）年暮れに生勝に帰ってきた。食べ物が不足しており、サツマイモでも栽培しようと、奥山に妻の千代子（銀千代を改名）をつれて、荒地畑《あらぢばて》づくりに精出したときのこと。

風もないのに、ヤギの臭いが突然襲ってきた。ヤギはいないか、辺りを探したがヤギの姿はない。だが強烈なヤギの臭いは強まるばかりだ。不安に思った尚茂は「近くにケンムンがいるときは、突然ヤギの臭いがするので黙って退散した方がいい」と、古老が教えたことを思い出し、千代子に〝目くばせ〟して作業を中止して急いで帰宅した。

生前に「自分はケンムンの存在は信じない方だったが、あの時のヤギの臭いは今でも信じられない」と首をかしげて話した。そういえば、荒地畑づくりで彼らの棲み家といわれるガジュマルの若い木も切ったような気がした。このことがあってから、尚茂はケンムンの存在を半分信じるようになったらしい。

中村喬次さんは、お母さんの中村トキエさんも「山でケンムンに惑わされたときは、自分で歩いたという感じがしない。どんなに長い距離でも、まるで夢のなかにいるみたい。気がついたら、当たり前の道に出ていた」と語った、と書いている（『唄う舟大工』）。

また生勝には、友達数人で奥山にシイの実を拾いに出かけ、道に迷ったので仕方なく、皆、持ってきたテル（背負い籠）を逆さにかぶって夜の明けるのをじっと待った、という。

中村さんが中学生のころ、田検の男が生勝で用を済ませ、田検に向かって夜の山道を歩いていたところ、芦検に近いところでケンムンに遭い、相撲を挑まれた。うるさくつきまとうので相撲を取って投げたら、あちこちからケンムンが現れ、命からがら逃げてきた、という。この男の姿を見ると、顔といわず手といわず引っかきキズだらけで、血が滲《にじ》んでいた。着ていた服はぼろぼろに破けていたという。

◇

これらのケンムン話から、奄美の半人半獣のようなケンムンがトリックスター（神話や物語の中で神や自然界の秩序を破り、物語を展開する者）そのものだということがよく分かる。トリックスターは、時に悪意や憎しみを持って行動したり、盗みやいたずらをしたりするが、最終的によい結果になるというパターンが多い。

突然ヤギの臭いがしたという父の場合も、ケンムンの棲み家といわれるガジュマルの幼木を切った、と言っていた。食うためとはいえ、森に手を加えて荒地畑《あらちばて》（焼き畑農法）づくりをしたことは、一つの自然破壊でもある。そこに、ケンムンが強烈なヤギの臭いを流して人間に警鐘を鳴らした、と考えると理解できる。ケンムンは変幻自在に出没して人間の秩序や規則を破る破壊者であるが、破壊の後に創造をもたらす存在でもある。木と水の精のケンムンは、世界自然遺産にふさわしいトリックスターでもあるようだ。トリックスターは善と悪、破壊と生産、賢者と愚者など、異なる二面性を持つのが特徴である。奄美の自然は「ケンムン」に守られてきたのではなかろうか――。

## 19　生勝部落先祖の墓と〝外人墓〟

かつて生勝集落の墓（風葬地？）は、尾羅岬の付け根付近にあるマタハナ（小字）にあった。久永ナヲマツさんの幼少の頃というから大正初期ごろ、山崩れで墓もろともに海岸まで崩れ落ち、人骨が散乱した。集落の人たちは、この先祖の骨を拾い集めて現在の墓地の一角に納めた。それらを集めてサンゴ石で囲い、大きなテーブル珊瑚を被せたムヤ（集団墓地）を造って集落の共同墓地とした。集落の人たちは個人の墓参りのときは、決まってこのムヤにも花を供えて、線香を立て拝むものだった。

ムヤはサンゴで囲んだ墓なので、中の先祖たちの遺骨も見ることができた。私が幼少だったころ、両親と共にムヤを祀った際、たまたま先祖のシャレコウベと目が合った。びっくりした私はワッと叫んで逃げ帰った記憶が鮮明に浮かぶ。

そのムヤも、東京オリンピックが行われた一九六四（昭和三十九）年八月に取り壊された。集落民たちがムヤにあった大量の遺骨を焼却し、コンクリート製の石塔にその一部を納めて「生勝部落先祖の墓」とした。これに倣《なら》い、ナバ石を被せただけの一般の墓群も立派な石塔に次々変わって昔の面影はなくなった。

さらに、生勝集落の「無縁仏記録」によると、一九七六（昭和五十一）年にマタハナの岬をまわってすぐのところにある小字メナフト（山下儀志信さん所有）にさらに小さなムヤがあることを村人が発見した。同年三月十日、山下栄禎、稲栄則さんの二人がこれを確認。当時の集落最年長者の米ツユマツさんや米田永良さん、山下伍太郎さんらに聞いたが「その由来は分からない」ということだった。

村教委にも来てもらい、集落民十九人でこのムヤを発掘した。その結果、人骨の入った甕は三つと断定した。各壺に納骨された三体は、いずれも大きな頭蓋骨で、骨格が大きくスネ骨が長いことが確認された。村人は「日本人ではなく西洋人らしい」という結論に達し、集落常会で集落の墓地に移し、無縁仏として集落先祖の墓の横に埋葬するようになった。しかもほとんどの墓が石塔墓なのに、この無縁墓だけはテーブル珊瑚（ナバ石）を被せた従来の墓の姿を留めている。甕に人骨を納めたということは、一端風葬にして白骨化した後にそれらを甕に納めて集落の風習で再葬したのだろう。

「西洋の人の骨」というが、歴史を紐解いても西洋人が生勝で死んだというような記録は見当たらない。もしかして遭難死した遺体が生勝近くに漂着したのだろうか。西洋人の遺骨だったという結論は急ぎ過ぎではないか、とも思う。鹿児島市の民俗学者の小野重朗さんが生勝の墓制を調査した報告「奄美大島の板石墓・積石墓」によると、生勝には大きなムヤと小さなムヤの二つがある、と書いており、その一つがこのムヤのことかもしれない。焼内湾は良港で藩政時代には外国船が避難港として出入りしていた。

昭和 39 年 8 月 15 日にムヤから変わった「生勝部落先祖の墓」。その左横に従来のナバ石姿の小さな〝外人墓〟も立つ

文献では一八六六（慶應二）年に須古集落でオランダ人二人が日本初の白糖工場を建設したこと、さらに一八七二（明治五）年十二月に遭難した自国帆船の救助のため、イギリス軍艦が焼内湾に碇泊《ていはく》したという記録（『宇検村誌』）や、「オランダ、イギリスの国王が焼内湾を借して、と朝廷に願った」という内容のシマウタ「くるだんど節」はあるが、宇検村で外国人が死亡したという記録は残っていない。当時は外国船が奄美大島近海によく出没していたことは事実らしい。ひょっとすると外国船が遭難して遺体の一部が生勝に流れ着いたことがあったのだろうか？

外国人の墓だという言い伝えも生勝には残っていない。外国人の遺骨という証拠もない。しかし大柄な、よそジマの遺体だとしても、墓を別にするなど〝不思議な遺体群〟であった。それでも自分たちの〝伝統的な

外人墓といわれる小さなナバ石の墓

葬法〟（風葬）をしてねんごろに葬り、骨を拾い甕に納めて再葬したらしいことは事実である。それが再発見されたのだ。

　どこの骨とも知れぬ無縁仏を再度甕に納めて「生勝部落の祖先の墓」の隣に再々葬して、今も花を供え線香を立てて供養している。外国人でなくとも、よそジマの人も供養するという、生勝住民の人間愛に満ちた行為ではないか！　と私は感動している。しかも昔ながらの墓の形態を残す唯一のナバ石の〝外人墓〟は、文化財的な価値も高い。その経緯《いきさつ》を記した立て札を立てて残すことも必要で、きっと観光客に夢を与えることだろう。

## 20　宇検村生勝の年中行事

　主に筆者が父（名越尚茂）から聞き、自ら体験した生勝集落で行われていた年中行事を列挙してみた。宇検村が一九七八（昭和五十三）年に編纂した民俗誌『焼内ぬ親がなし』も参考にし、複数の集落民たちからも話を伺った。月日はいずれも旧暦である。

十二月二十八日　「サキクンチ」といって生勝川の両岸の浜で「正月豚殺（く）っし」をする。人々は、この日のために豚を飼っており、この豚を海岸に運び、刃物で急所を刺す。この日の朝は「ウワア、ウワア」と豚の鳴き声があちこちから響き、豚の毛を焼く煙が立ち込めていた。中には自慢の二百斤（百二十キロ）豚に育てた家族もおり、「片足は親にシブ（お歳暮）として贈るものだった」。戦後しばらくは、こうした光景が見られた。解体した豚肉は塩漬けにして大きなカメに入れて保存した。「塩豚」である。復帰後は家ごとに豚を飼う人も少なくなり、豚を解体するには保健所の許可が必要で、シマの年末最大の賑わいはなくなっていった。

十二月二十九日　「アトンクンチ」といって正月の準備をする。各家庭の主人が浜砂を庭に撒き、門松を立てて、年神の来神を待つ。

十二月三十日　年の夜として、豚肉にティバッシャ（つわぶき）を煮込んだものと丸餅をいただき、年取りを祝う。

元日　元旦の朝「三献（さんごん）」といって一家の主人が取り仕切る。「前オショロ」といって餅の入った吸い物と干物、そうめん汁を食す。この日は「黄金の夢を見る」といって早く寝る。

毎月一日と十五日　一斉に墓参り。各家の墓地に線香を立てて花を活けて拝むほか、奥にサンゴを積み上げた集落の祖先の遺骨群「ムヤ（トウル）墓」にも必ず線香を上げて拝む。なお、墓参りした後は、近くの浜辺で潮水を手に掛ける。これは先祖の霊を愛しむだけでなく、死霊を怖れ、潮水でその難を逃れるという意味がありそうだ。

一月二日　男の子は十六歳になると「ニセナリユエ（成人式）」をしたが、女の子は、八月踊りのオドリギン（踊り着物）をもらうことが、成人の意味をもっていた。

一月六日　「サトムドリ（里戻り）」といって嫁さんが正月にちなんだご馳走をスズリブタ（重箱）に詰め、酒瓶を携えて親元に里帰りする風習があった。

一月七日　夕食どき七種の野菜を炊き込んだ「おぢや」を拵《こしら》える。現在も行われている。

一月八日　カジユワユエ（鍛治祭り）。鍛冶仕事や金物類を取り扱う仕事に従事している家では、関係者を集めて酒盛りなどをして一年中の順調無難を祈る。

一月十五日　「小正月」といって十五日夜に行う行事である。程よい塩味の豚料理を主とした数々のご馳走を作り、家族が全員そろって今一度正月気分を味わう。若者たちは、友達同士一堂に集い、深夜までシマウタや三味線で遊び、そのまま夜を明かす。

一月十六日　ステビで休息日。一年間のヤシブリといい、何もしない日である。また正月初めの巳（み）の日は、縄などをなったりしないで休む日である。

一月十六日　一、五、九月（神月）の十六日に「山祭り」があった。かつて、この日は山の神が荒れ狂う日であるから絶対に山へ行ってはいけない、といわれる。平素山仕事に関係のある職場では一日中仕事を休む。主家に昼間から招かれて、かねての労をねぎらわれる日であった。

豚骨（ウワンフネ）とツワブキを煮込んだ煮物が年越しの晩の定番料理だ＝米正道さん提供

正月・五月・九月　月待ち。十三夜待ちから始まり、二十八夜待ちまであって、特に二十三夜待ちは旅に出た家族の安全を家族が祈願する。この夜は月の出が遅いので、ティキ話（昔話）を聞いて過ごすものだった。

一月二十日　「二十日正月」。送り正月ともいう。大晦日から始まった正月行事も、この日で終止符を打つ。昼間から準備しておいたご馳走を携えて、親元縁者宅へ集う。年頃の若者らは組を組んで一堂に集い、いろいろな遊び事をする。

三月三日　女の節句だが、生勝では「浜遊びの日」である。この日、浜遊びしないと「フクロウになる」といって貝を拾い、綱引きなどして遊んだ。

四月初めのウマの日　ハマオリをする。麦飯とニラを食べて浜下りをする。

五月五日　男の端午の節句である。この日に菖蒲を祝う由来として、民話「猫女房」がある。「猫女房」の追跡から菖蒲の中に入り込んで助かった男の話である。この日は集落全員が仕事を休み、各家庭ではカシャムチやアクマキなど拵えて親戚縁者、近隣にも配る。特に男の子がいる家庭では親戚や知己を招いて子供の成長を祝福する。

六月吉日　グジヌシ（ノロを補佐する男神役）が吉日を三

日間選んでキジという。「明日はキジだ」という触れが回ると、灰汁などを使ってすべての物をきれいに洗う。キジの三日間は洗い物をしない。また白い着物を着る。朝早く子供たちは、田の中に入り、東の空を向いてモミを取り、剥《む》いた生米を両耳に挟《はさ》み、一つは食べる。よくできた稲を二本とって首の後ろにＸ字形に重そうにかかえて持って帰り、床の間にさげておく。このキジの三日間は、海や川に入ることはできない。この監視をグジヌシがしていて、魚を突くモリを持って見張っていた。

七月一日　「ミニャクチ（水口）」で、前日に各家から米一合を集め、トネヤ（グジヌシの家）とアシャゲ（ノロ祭事をする場所）でミキをつくり、当日は、ノロとグジヌシが田の水口に鍬を三回入れて、ミキを注いで拝む。このあとミキを子供たちに分ける。各家ではミニャクチ餅をつくって食べる。

七月七日　七夕の日には、野菜の種子播《ま》きをする。七日の日に播く種子は、人の家に分けてはいけない。家族で食べるという「天人女房」の昔話と結びついている。

七月十三日から十五日　お盆。久永ナヲマツさんの話だと、お盆にはアワを使わないし、南瓜をあげてはいけない。嫁がアワガユを炊くとき、ぶつぶつ言うとショウロガナシ（先祖の霊）が誤解して、「子供を一人炉にくべて来た」と言ったという。また南瓜はショウロガナシが自分の頭みたいと嫌うからだという。

八月初ヒノエの日　アラセツが始まる。これは「火の神祭り」ともいう。前の晩から八月踊りをする。この踊りは、この日から七日目のシバサシの日まで続く。八月踊りはアシャゲで三回踊り、トネヤ、グジヌシの家、前のトネヤ、そして久永ナヲマツさん宅へと各家を踊り回る。アラセツの日は朝早く起きて墓にススキをあげる。八月踊りなどの時間に娘が遅れたり、踊りに出なかったりすると、「三合酒」を出すものであった。

また字名マタハナと呼ばれる旧墓が崩れて誰の骨かも分からなくなったので、これらを集めてシマダテガナシと呼ばれる先祖たちの骨を集めてウル（サンゴ礁）で積み上げてつくったヤー墓（ムヤもしくはトゥル墓ともいう）を拝む。家では、床の間に冬着物を出して、お膳をつくり、線香をのせておく。夕方になると、子供が取ってきて、川で洗って干してあるヒキクサという草を、モミ殻と梅のふくべと一緒に火をつけて家の中に向かって燃やし、家の中では、線香を立てて拝む。これはコウソ（高祖）ガナシを迎えるためという。

翌日の晩には、家の中で線香を立てて、家の外に向かって火を焚く。コウソガナシを送るのである。そして家の屋根にススキをさす。これは奄美一般ではアラセツから数えて七日目に行われる「シバサシ」と同じ行事である。七月の盆と八月のコウソガナシとは、明白な区分がなされているようだ。現在では、盆のショウロガナシの方が死霊としては身近に感じているようだ。

　さらに「シバサシ」後の甲子（きのえね）の重なる日を「ドンガ」といって埋葬した故人を改葬（洗骨）するのに最適な日である。改葬は、死後三、五、七年たった故人の骨を、その家の主婦らが中心になって直接、遺骨が太陽の光に触れないように傘をさして、丁寧に焼酎や海水で洗い、甕に納めて再度墓地に納める再葬法を行う。八月中に甲《きのえ》と子《ね》が重ならない年もあり、その時は九月にずれ込むこともある。また一般家庭では、この日はヒギャゲーといって白米の粉にサトイモ、黒糖を混ぜあわせた代用食を作って食べたりして一日を過ごした。この風習も、火葬が普及してなくなった。

現在も行われているシバサシの行事＝米正道さん提供

　十五夜で八月踊りや相撲があった。この日、十五歳の娘たちは、普通叔母からオドリギン（踊る着物）二枚をもらい、相撲の合間の中入れに、おにぎりやご馳走を入れた盆を頭に載せて踊りながら土俵を一巡する。

九月九日

　石を三個拾ってきて火の神様として拝む。

十月

　稲の種下ろしの日で「ムチムレ」といって青年男女が仮装して家々を歌って回り、餅をもらって歩く。翌日にはアシャゲでもらった餅を開いてご馳走を食べるものだった。

十月

　カネサル（庚申）の日は、山の神やケンムンが活動する日であり、山に入ってはいけない日で、集落では臭いのするカシャムチ（臭いのするカシャ葉で包んだ餅）をつくり、これらで悪霊の侵入を防ぐ。『南島雑話』によると、かつては牛のホラ骨を集落の入り口に下げた。その後、豚の頭（筆者が久志小二年生の下校時＝一九五〇（昭和二十五）年に目撃した）になり、さらにカシャムチに変化し、悪霊から守る〝シマガタメ〟（集落固め）をした。

## 生勝のノロと年中行事の関わり

　一九〇六（明治三十九）年二月二日に生まれた久永ナヲマツさんの話によると、生勝の集落の神祭りを司祭するノロ制度は、明治維新当時、一時途絶えたそうだ。隣集落の久志側にある「マタハナ」という小字にあった墓地（風葬墓？）が山崩れして、先祖の骨が散らばってしまった。ところが住民が、その辺りを通ると、不思議と「カゼ」にあたり、病気になる者が続出したという。大正初年のことだった（山下欣一・有馬英子著『久永ナオマツ嫗《おうな》の昔話　奄美大島』）。

「カゼにあたる」というのは、山の中などで突然発病してくる病気のことだが、霊魂のたたりで〝カゼ〟にあたるということで、集落の有志が、篠川（瀬戸内町）のユタ（沖縄・奄美特有の霊媒者）に占ってみると、「ノロ行事を復活すべきだ」というお告げだった。

そこでカツオ漁が盛んだった大和村今里のノロ行事に学び、「ウヤノロ」、「シャノロ」、それにノロを補佐する男性「グジヌシ」などを選定して、急遽、復活させたらしい。

しかし、生勝のノロたちの司祭する祭りは「ハマユエ」が主で、普通ノロ祭事に欠かせない「オムケ（神迎え）」や「オオリ（神送り）」、それに農耕儀礼の「アラホバナ（新穂花）」や、畑作収穫の儀礼である「フユルメ」や「フユウンメ」などはない。これは、地勢的に三方に深い山が迫り、田や畑の耕地が極端に少なく、海に活路を見いだすしかなかった生勝の地形的特殊性に由来するのだろう。そんな訳で、生勝には穀物を納める「高倉」はない。高倉で保存するほどの穀物や野菜はなかったのだろう。

ノロの祭事道具の一つの扇（宇検村教育委員会所蔵）

そんな時、折から南部大島沿岸でのカツオ漁ブームがわき、生勝でも明治三十年代から十八艪帆船（和船）や蒸気動力のカツオ船が出現した。この頃は、航海安全と大漁が何より大切だったようだ。

最後のウヤノロは名越ジンズルさんで、シャ（下）ノロは池ミヤ子さん、脇田ユシチヨさん、川内カムメジョさん、川内アグリさん、勝ウユシさん、浜畑マツさん、文岡キユマツさん、森カメマツさん、山下デンさんら九人。グジヌシは勝黒金さんだった。

アシャゲの棚に、銅製の洗面器のようなノロの祭事器のビンダレ（浅い洗面器）ようのものが置いてあった。生勝のアシャゲは普通の壁なしのカヤぶきではなく、東側が壁のない木造の建物だった。

区長である米正道さんによると「これらの年中行事は、ノロの消滅と職業の多様化などで、ほとんど行われなくなったようだ」。

## 21　終戦後の生勝集落での暮らし——名越護の民俗学的追想

三方に深い山が迫り、南西側の海だけが開けた生勝集落。私は一九四二（昭和十七）年十月十五日、名越尚茂・ギンチヨ（千代子と改名）の長男として生を受けた。戸籍上は私が長男だが、本来の長男の久（ひさし）は生後一週間で熱病を患い亡くなっており、私は本当のところ二男である。久志小中学校に二年まで通い、旧名瀬市久里町に転居。奄美小学校に転校した。父尚茂は「子供たちに教育を受けさせたい」と鹿児島市移住を計画し、米軍政府のパスポート用の写真まで撮った。渡航手続き寸前で奄美の日本復帰が決まり、引っ越しを延ばして復帰後の一九五四（昭和二十九）年三月に鹿児島市三和町に居を移した。

私の生勝時代は小学二年生までだったが、名瀬在住時代の夏休みを利用して祖母の生《いけ》カメマツ宅によく帰っており、小学生時代は〝生勝の空気〟を吸っていたことになる。年を取るほどに昔の様子が走馬灯のように浮かんでくる。経済的には貧しかったが、心豊かだった生勝の民俗学的な事象を追想してみよう。私が民俗学に興味を持ち、鹿児島民俗学会会員になったのも、生勝での体験がその後の人生の原点になったからのような気もする。

## 正月ワア（豚）

師走の二十九日、生勝の浜は正月豚の「豚殺《くっ》し」でにぎわった。浜辺は豚の最期《さいご》の鳴き声が響き、間もなく豚の毛を焼く煙があちこちにたなびいた。この日のために、一年間公民館と浜の中間にある豚小屋で育てた豚たちだ。

「私の豚は百斤（六十キロ）しかなかった」「〇〇さん家《ち》は二百斤（百二十キロ）もあったらしい」と話しながらテキパキと豚をさばく。さばいた豚肉の足の片はらは親元にシブ（歳暮）として残し、後は小さく処理して塩豚にして保存した。

独特の豚毛を焼くにおいが海岸に漂い、豚の断末魔の鳴き声が響き渡ったサキクンチ（先の九日）の「ワア殺し」の光景が昨日のことのように思い出される。この「正月ワア殺し」も復帰前まで行われていたが、復帰後は保健所の許可が必要になり、この光景も見られなくなった。

大晦日は、父が門松を門の両側に立て、浜砂を庭に撒いて清めて正月神を迎える準備をした。その夜は、母が調理したティバッシャ（ツワブキ）と塩豚の煮物と、丸い年取り餅を一個食べて〝年取り〟をした。

元日は父を中心に三献《さんごん》の儀式。父が家族の皆に杯でちょっとお酒をふるまって「今年も皆元気で過ごせますように」と乾杯した後、お餅の入った吸い物を頂戴し、「一年間スルメのように強固な体でいられますように」とスルメの小片を配布する。この後そうめん汁を啜《すす》って三献が終る。同級生同士が弁当を持ち寄り食べる小正月の行事（スク？）も懐かしい。

## 父の手作り教科書で学ぶ

私は、一九四九（昭和二十四）年四月に久志小中学校に入学した。当時はまだ教科書も手に入りにくい頃で、先輩が使った古い教科書を譲り受けて学校に持参する時代だった。私は教科書を譲ってもらえる人がいなかった。そこで父は、知人の古い教科書を借りてきて、これを毎晩洋紙に書き写して、一冊の本のようにして綴《と》じ「教科書代わり」にした。私はこれを持って学校に行き勉強したのだ。父は、教科書に載っている絵も書き写していた。その〝手作り教科書〟が現存すれば、奄美市立博物館に寄贈して「復帰運動の資料の一つ」にしてもらえるのに――と悔やまれる。これらの教科書は一学年下の和子さんという、父の友人の子が譲り受け、使用したようだ。

入学時は、口頭試問という耳慣れないこともさせられた。先生の質問は「うどんは何で作るのでしょうか」という他愛もないものだった。また奉安殿という小さな建物があり、あの中には何が入っているのだろう――と不思議に思った。校門を入ると、大きなセンダンの木が目に付いた。校舎は今とは違って宇検集落側にあり、広い校庭（当時はそう感じた）がまぶしかった。

そのころはランドセルなどなくて、皆、風呂敷に教科書とノートを包んで登校していた。我が家には、米軍払い下げの大きな背《はい》のうがあり、父からこれにノートや教科書を入れて学校に行けと言われた。ところが一メートル程度の背丈しかない私が米軍の背のうを背負うと、足先まで届くほどで、「背のうが歩いている」と同級生からはやされてイヤだった。

私の家では米軍の配布物資もあった。そのころ我が家で「プルーンの缶詰」が当たった。「こんな果物もあるものだ」と母と話ながら食したこともあった。ミキプルーンのテレビコマーシャルがあると、あのおいしいむっちりした独特の味が思い出される。

プルーンとはスモモの一種でバラ科の植物。一般的に中国原産のスモモはプラム（日本スモモ）と呼ばれ、赤く熟れ、丸いのが特徴。大和村がプラムの生産地で、鹿児島市のスーパーでも売っている。主に生食用として栽培されている。一方、西洋原産のプルーンは紫色がかった少し長めの形の大ぶりが特徴で生食でなく、ドライフルーツやジャム用などに中の堅いタネを抜いて加工される。私の食べたプルーンは米軍の缶詰だった。

母が妹のレイ子（昭和二十一年生まれ）を妊娠して〝つわり〟で寝ているところに、米兵三人が我が家の庭にやってきて、生勝では珍しいブドウ棚を見ている。布団の中で震えながら見ていた母――。米兵はまだ青みがかったブドウを口に含み、ペッと吐き出した。そのあと数秒英語で何かしゃべった後、裏のトウヤマ（地名）めざして去って行った。この様子を陰で眺めていた村人たちが、我が家に集まり「ゲン姉（母のこと）、米兵は何と言っていた？」と尋ねた。母は平然と「このブドウはまだ熟《う》んでいない。渋い！渋い！と言っていたよ」とユーモアで返した。

母は、「米兵は足が弱く、竹ヤリで突いたらイチコロだと聞いて、自分たちも竹ヤリ訓練をしてきたが、坂道をどんどん上って行く健脚な姿を見てびっくりした」と話していた。

## 風葬地？が崩れ去る

生勝から久志方面へ通じる県道は、いまは生勝の墓の後ろを通っている。復帰までの通学路は墓の右手側の海岸沿いにあった。以前の墓はウル石（テーブル珊瑚）を積んだウル墓だったが、現在は本土と同じ石塔に変わっており、ただ一つ残っているウル墓は「外人墓だ」といわれている一基だけだ。

かつての生勝の墓は、現在の墓地から久志より約百メートル離れた山のくぼ地の辺りのマタハナという高い所にあったらしい。久永ナヲマツさんの話（『久松ナオマツ嫗の昔話』）によると、大正初年ごろ、この墓地が山崩れして人骨が海岸付近まで流されて誰の骨かも判明できなくなった。集落の人たちがそれらを一カ所に集めて大きなテーブル珊瑚で囲ったムヤ（集団墓地）にした。そのムヤの先祖たちの遺骨を焼却して小さくし、納骨したのが「生勝部落祖先の墓」という大きなコンクリート製の石塔である。

父名越尚茂も「昔の生勝の墓地はマタナハという所だったが、山崩れして現在の所に移した」と生前語っており、ナヲマツ婆さんと一致している。

ここで疑問が湧いてきた。なぜ昔の人は、墓地を山の上近くに設けたのか、ということだ。調べてみると、旧琉球王国の墓制は、風葬が一般的だったということだ。「風葬の島」と呼ばれる枝手久島を望む屋鈍・阿室・平田それに宇検・久志などの集落の人は、それぞれ決められた洞窟に風葬するものだった。『宇検部落郷土誌』には、現在宇検村とMBCが共同経営する車エビ養殖場近くの上の土地が宇検集落の風葬地の一つだったと書いている。これらのことから生勝のマタハナの墓地も江戸時代まで風葬地だったことが考えられる。

南西諸島の風葬の風習は、明治になって政府が「衛生上問題がある」として禁止した。それでも奄美諸島ではいったん土葬し、後年に掘り返し遺骨を洗骨し、改葬する風習が近年まで行われていた。沖縄県久高島では一九六〇年代まで、宮古島では一九七〇年代まで風葬が残っていたという。

## 親田が消える

生勝には親田という小さなタブクロ（田袋）があり、各家では畝（約一アール）程度の田を持ち、稲を二期作で栽培していた。日本人の食卓の欧米化が進行し、パンを主食とする「米離れ」が年々進み、日本人の「主食＝米」の常識が徐々に崩れ出した。このため、政府は一九七一（昭和四十六）年から稲作の減反政策を導入した。国は減反面積十アール当たり一万五千円の減反補助金を出した。生勝では人口減少もあり、米作りをする人も皆無になった。現在は、耕作を放棄された田も草ボウボウの原野に還って昔の面影はなくなった。当然、ミナクチ（水口）祭りなどの農耕民俗行事も消えていった。耕地の狭い生勝で比較的に広い親田を再度開発して他の換金作物は作れないものかと、かつての親田の賑わいぶりを知る者として原野の姿に寂しさを感じざるを得ない。

## アラセツのころ

奄美の伝統行事を語る上で欠かせない大切な日が、旧暦八月に行われるミハチガツ（三八月）だ。いわば奄美の夏正月でもある。旧暦八月の最初のヒノエ（丙）の日がアラセツ（新節）で、生勝では相撲大会があり、敬老会も開かれて、夕方から広場（生勝では〝アシャゲ〟といった）を皮切りに八月踊りを楽しみ、各家を順送りに夜中踊って朝方まで踊り狂う。アラセツは親ふじ（先祖）を敬い、豊作に感謝し、来年の豊作を予祝する行事で、奄美市や鹿児島・関西・関東に移住した人たちも帰省して踊りの輪に加わった。

アラセツから七日後のミズノエ（壬の日）がシバサシで、家の主が家屋の軒や庭、畑などにシバ（トキワススキ）を挿し、墓参りをする。この日、父が軒にシバを挿す光景を不思議に思って眺めていた記憶がある。父は「家に悪霊が入り込まないようにシバで防ぐのだ」と説明してくれた。

その後のキノエネ（甲子の日）がミハチガツ（三八月）の最後で、火葬が普及する以前は、先祖が亡くなって三・五・七年の人たちが土葬した墓を掘り出し、故人の骨を海水や焼酎で洗い清めた。頭蓋骨は丁寧に真綿で包んで壺に納めたものだった。頭蓋骨の収容作業は嫁の仕事で、近くの人は傘をさして日の光を避けるように協力したものだ。

## 久志で〝豚の生首〟を目撃

毎年三・六・十月の二十三日夜には「二十三夜待ち」という民俗行事があった。旅に出た人たちの安全を祈る行事。この夜は直径二センチ足らずの丸い団子餅を三角形に積み、ススキを活けて二十三夜の月の出を待つ。二十三夜の月の出は夜遅いので、その間、世間話や昔話などをして過ごす。幼少だった私は、何度もアクビをしながら父母の話を聞いた覚えがある。そのころ祖父の生儀廣が、宇検集落のカツオ漁船金吉丸《かねよしまる》に乗ってカツオ一本釣漁をしており、この民俗行事を欠かさず行っていた。翌日は飾った餅を隣の稲インマツ婆さんの家にお裾分けするのが私の務めだった。

確か久志小学校二年生の算数の時間だった。二桁の掛算と割算の計算問題を解く小試験があり「できた者は帰校していい」と先生がいった。なぜか私が一番先にできて、同じ生勝の同級生で秀才の誉れ高いA君を校門で待っていた。二番目になったA君は自分が二番目で虫の居所が悪かったのだろう。何も言わず一人だけ走って生勝へ帰っていった。

私は、とぼとぼと一人で帰る羽目になった。久志集落の墓地の外れの木の枝にまだ血が滴り落ちる豚の生首がぶら下がっているではないか！　怖くなった私は、一目散に走って生勝に帰った記憶がある。そして「なぜ久志の人たちは墓の近くに豚の生首を下げるのだろう」と不思議に思ったことがあった。

それが「カネサル」という集落に魔物が入り込まないように防御する昔からの防災民俗行事だということが分かったのは、一九八二（昭和五十七）年十月、民俗学研究者の小野重朗の著『奄美民俗文化の研究』という専門書を読んだときだ。

小野によると、カネサルは庚申（かのえさる）の意味でアラセツの後にくる庚申の日(旧十月になることもある)。カネサルと呼ぶ行事は奄美大島とその離島の加計呂麻島・請島・与路島の計四つの島に限られる。この日はケンムンや山の神が活発に活動する日であり、人々は決して山や海に出ないで、シマガタメ（集落固め）をする。幕末期の奄美の民俗を巧みな文章と絵で描いた名越左源太《なごやさげんた》の『南島雑話』にも集落ごとに牛一頭を生贄《いけにえ》にし、シマガタメ（集落固め）した、と紹介している。

小野によると、藩制時代は左源太が書いているように牛の骨を下げてシマガタメしたようだが、明治に入って牛が豚に代わり、昭和になって月桃の葉に包んだカシャ餅を食べて身を守ったという。月桃の葉は臭いがきつく、その臭いで悪霊を退散させるのだという。

そうすると、私の見た久志の豚の生首は、悪霊から集落を守る古い民俗行事で、それで悪霊を脅す「シマガタメ」だったことになる。

また同級生のA君は、小さい頃からおしゃべりで頭のいい物知りで、古老から聞いた話をよくするものだった。広場で遊んで夕暮れになると、首切れワアが出てきて人間の股をくぐって天に昇るらしい、もう首切れワアが出るころだ、と言った。皆遊びを止めて足をX型にし、腰をくねらせながら急いで帰宅したものだった。首切れ豚やシルワア（白豚）の妖怪の話は、瀬戸内町の古仁屋方面でもよく語られていた妖怪譚でもあった。

### スクが消えた

次に「スク」の話だ。スクとはアイゴの稚魚のことで、旧暦五月末ごろ南西諸島の海岸に押し寄せてくる小魚群のことだ。徳之島町徳和瀬の民俗研究者・松山光秀さんの『徳之島の民俗②』によると、このころの奄美は「穂孕《ほはら》みのころ」で、天気が崩れやすく、波が荒れたり雷が鳴り響いたりするころだが、これはスクを干瀬の海へ送

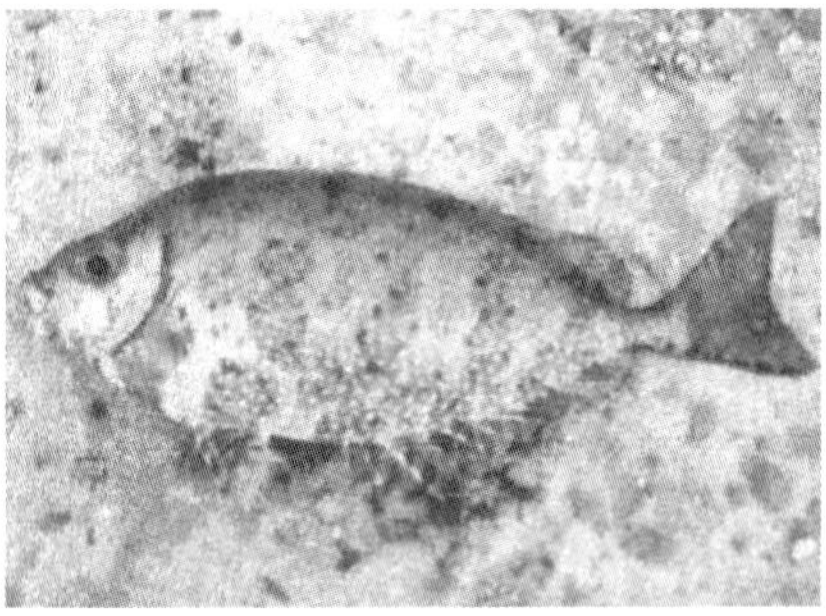
スクとはアイゴの稚魚。この小魚群が、旧暦五月末ごろ海岸に押し寄せてきた

り届けるための神々の心遣いと理解されている。二度目のスク寄りは旧暦六月二十八日のアキヌックワ（稲の収穫期）、三度目の寄りをマタベヌスック（稲の〝ひこばえ〟のこと）といって稲の生育時期とスクの寄りとは密接に関連しているという。

私の祖母、生カメマツは海岸近くに住んでおり、スクの来襲に遭遇したのだろう。サディでスクを掬い、我が家におすそ分けするものだった。届いたスクは母が塩辛にして、副食にして出してくれた。

一九五五（昭和三十）年ごろまでの奄美の海は、干瀬にはム（海藻）が茂ってスクや熱帯魚、ウニ・ナマコ、貝類が豊富だった。その後は磯焼けが進み、スク寄りもみられなくなった。奄美の海に定期的にスクが押し寄せることはもうないのだろうか。現代文明は、海の彼方のニライカナイの神（祖霊神）の現世への贈り物を拒否しているのだろうか。

## 対馬丸事件と船越海岸

学校の遠足の行き先は、宇検集落外れの船越《ふのし》海岸という所だった。

一九四四（昭和十九）年八月二十二日午後十一時十二分ごろ、沖縄の疎開児童や引率教員、一般疎開者、兵員ら千四百八十四人（そのうち疎開学童は七百八十四人）を乗せた対馬丸が、トカラ列島悪石島沖で米潜水艦ボーフィン号の魚雷により沈没した。多くの遺体が奄美大島に漂着した。大和村には先生と児童ら十人が紐で縛り合って漂着死したこともあった。

このうち約五十人の遺体が船越海岸に打ち上げられた。これらは宇検集落民ら久志校区の集落民が船越海岸の一角に仮埋葬した、という話を父から聞いていた私は、遠足に楽しい思い出はなく、「沖縄の子供たちを仮に埋めたのはどの辺りだったのだろう」とその現場のことばかり気になって、落ち着かなかったことを覚えている。生勝の人々も対馬丸漂着者の捜索に参加しており、長崎鼻に三遺体が打ち上げられて近くの浜（尾羅海岸）に仮埋葬したことを、奄美市在住の鈴木るり子さんから聞いて初めて分かった。

## ゼロ戦が不時着

一九四五（昭和二十）年五月四日ごろ、尾羅沖に沖縄の米軍攻撃をめざすゼロ戦が機関故障のために不時着した。戸板に乗せられた日本飛行兵が松原義一区長宅に向かう姿を、戸口から母と目撃した記憶がある。その人が吉田敏夫兵曹であり、その後彼が回顧録を書いていたことを『宇検部落郷土誌』で知った。また生《いけ》（後吉田と改名）友次郎さんと名越富昌喜《なごしとみしょき》さんが平田沖で釣り中に特攻機が焼内湾へ不時着し、三人が救助された事実も『宇検部落郷土誌』で知った。これらは記録しないと永久に忘れられる事象だったので有難い。

同じ年だったと思う。空襲警報で私と叔母の君江（のちノブ子と改名）は集落の人たちと一緒に松原区長宅近くの防空壕に避難した。泣きべその私は、狭い所に大勢の人がひしめく姿に驚いて泣き叫んだ。すると松原区長は「子供の泣き声が飛行機に聞こえて爆弾を落とされる。泣く子は外に出なさい」と言われ、叔母と二人は外に出された。ちょうどその時、米軍のグラマン機が北から南へ低空で通り過ぎていった。幸い生勝には爆弾を落とさず、無事ですんだが、あの時の松原区長宅のクロトンの美しさが、いまも妙に忘れられない。

このことがあってから、私は叔母を命の恩人と思っている。あの時、どんなに辛かったか、大きくなったら恩返しをしてやるぞ、と誓ったものだった。奄美のシマウタ「よいすら節」に、

〽舟の高艫に白鳥が居ちゅり
　白鳥やあらぬ　うなり神がなし

という歌があるように、奄美では「女性は、男性の旅の安全の〝守り神〟だ」という認識がある。それに加えて男性も女性を大切にする風潮が昔から根強い。民主主義を先取りしたいい風習だ。

## 喜界島に応召された父

父は喜界島の陸軍通信隊として応召された。家に取り残されたのは母と私だけ。母が父に手紙を書くというので「私も書きたい」と「エンピだあかい（鉛筆はどこだ）、マアユ元気ち書こちデェー（書きたい）」と独り言を言いながら、鉛筆の所在を探していたらしい。これを聞いた人が、私に「マアユ」とニックネームを付けた。それが集落民に伝わり、私の代名詞になった。しかし、戦後父が復員した時、あんなに会いたかった父なのに、面前に父が現れ、だっこされると、怖くなり足をばたつかせて、だっこに拒否反応を示したらしい。想像とは違う父の姿が恐怖だったのだろう。

父は生勝の年中行事の保存に努めていて、教育にも熱心だった。学年末に私が優秀賞を貰うと、うれしそうにほほ笑み、「頑張れよ、大学まで行けよ」と励ましてくれた。当時生勝には大学卒など皆無で、父の憧れであったのだろう。一方、私は小心者で怖がりであった。上級生の理科の教科書に載っているカラーの「人体解剖図」を見て恐怖心に襲われて泣き出す始末。そんな時、決まって「このヤッセン坊が！」と、痛い〝げんこつ〟を頂戴するものだった。

父は体こそ小さかったが、真面目で根性があり、負けず嫌い。運動会や相撲大会があると、大男を相手に引けを取らず、何とかして勝つものだった。小柄で父親のいない（爺さんは早死にした）貧乏な父は、高等小学校時代に〝いじめ〟に遭い、それが父の〝スットグレ精神〟を生んだ。集落民も父のナニクソ精神で頑張る姿に一目置いていたようだ。

鹿児島市で紬工場を持ったが、父の作る大島紬製品は評価も高く、品評会で県知事賞に輝いたこともあった。その努力の大変さを後で聞いて、子供として何も祝えなかったことを父が他界して後悔する。「父よ　あなたの努力を心から喜べず申し訳なかった」と、毎朝仏壇に手を合わせている。

その父が、安価な韓国紬の流入や和装離れなどで危機を迎えた。昭和の終わりごろ、私は紬織りの機械類を「もう邪魔だ」といって、糸繰り器やはえ機器などをさっさと片づけた。それを見ていた父のかなしそうな目が、いまも忘れられない。

## 名瀬市に引っ越し

小学二年生の春、私たち一家は旧名瀬市に引っ越した。名瀬までの道路はなく、豊丸や平運丸のポンポン船による海路しかなかった。焼き玉エンジンのポンポン船は、湯湾を起点に各集落を巡り、名瀬港に向かうのだが、シマにはまだ桟橋はなく、沖に止まっている本船へ板付け舟で行くしかなかった。隣のインマツ婆さん（稲田栄利さんの母）は私どもの引っ越しを嘆き、波打ち際で太鼓を叩きながらシマウタ「いきゅんにゃ加那」を歌いながら涙ぐんでいた。

〽いきゅんにゃ加那
　わきゃこと忘れて
　いきゅんにゃ加那

私を自分の孫のようにかわいがっていたインマツ婆さんとの別れは、私たちも同じ辛い気持ちだった。名瀬市では久里町に住み、久保井工場で父は締め工、母は織り工になっていた。寄宿舎は奄美小学校の裏門前の、台所のない四畳半一間だけの小屋だった。ここで二女の幸代と二男の博明が生まれた。一家六人が住むには狭すぎるので、二年後には同じ久里町に古い一軒家を購入して引っ越した。

復帰運動の盛んな頃で、働くことしか能のない人と思った父も、復帰運動には関心が高く、父の自分史である唯一の著作『スットグレ人生』にも、復帰運動で名瀬のオガミ山に登り、名瀬小学校庭で開いた集会や提灯行列にも参加した、と書いている。奄美小学校で学んだが、五年生の時の担任は日本復帰運動のリーダーだった泉芳朗の弟の泉哲二先生だった。泉先生は兄芳朗のことはいっさい話さず、「君たちが本土に渡った時、困らないよう標準語を日ごろから使いなさい」と指導していた。学校でシマグチを使うと、「シマグチを使いました」という「方言札」を下げられるのがイヤだった。三学期末に私たちが鹿児島へ引っ越すとき、泉先生はクラスメートと一緒に築港までやってきて、ハシケで金十丸に向かう私たち一家を見送ってくれた。

小学校六年生時に、鹿児島市の鴨池小学校に転校したが、一部の人から「島んちゅ」と差別されたことがあった。そこで必死に鹿児島弁を習い覚えた。それでシマグチは分かるが使えなくなった。私はいま、純粋の鹿児島弁も使えず、奄美のシマグチ（島言葉）は分かるが使えない〝言葉の漂流者〟になった。

パスポート用の写真を撮った時の名越家の記念写真（1953 年夏：旧名瀬市）

# 第二章　宇検村の近現代史

## 1　讒訴《ざんそ》された與湾大親の悲劇

奄美は歴史上、日本（倭）、琉球王国、アメリカの三国に支配されてきた。奄美の存在が日本の歴史書に登場するのは七世紀で、『日本書紀』には六五七（斉明天皇三）年に「海見嶋」、六八二（天武天皇十一）年に「阿麻弥人」、『続日本紀』には六九九（文武天皇三）年の「菴美」、七三三（和銅七）年に「奄美」とあり、全て奄美大島のことと考えられる。当時は海洋民族として大和朝廷と交流があったことがわかる。七三三（天平五）年の第十回遣唐使は、奄美を経由して唐へ向かっているほどだ。奄美は、それ以前から貝輪などの装飾具に用いられるゴホウラガイやイモガイの産地で、貝殻を通じて日本本土と交易していた。この交易ルートを「貝の道」という。

中世の十三世紀から十六世紀にかけては、北九州や瀬戸内地方を基地として、「倭寇《わこう》」が朝鮮半島や中国沿岸、南西諸島付近で米や人を奪うなど暴れまわっていた。倭寇とは、略奪や密貿易を行う海賊のことだ。室町幕府の三代将軍足利義満は、明（中国）との正式な交易を目指して倭寇の討伐に乗り出した。この交易を「勘合貿易」という。しかし、応仁の乱で国内政治が混乱し、明との交易も停止されたことで、倭寇が再び勢いを盛り返してきたらしい。

倭寇が宇検村地域まで侵入したことは、「ゴリャ」や「ハチマン（八幡）」という各集落の小字名でも分かる（『名瀬市史』『宇検村誌』）という。「ゴリャ系」の字名としては、宇検の「コガリョウ」、芦検の「コガリョウ」、湯湾の「コラン」などがそうだという。

東シナ海に向かって深い入り江があり、南北に山稜が連なる焼内湾は、外部勢力から影響を受けただろう。だが、中世は記録がなく詳細は不明だ。航海者にとって焼内湾は最良の寄港地や避難港。風待ちをしながら、あるいは飲料水や食料の補給に帰港したことは想像できる。中には奄美に定着して豪族になった人たちもいただろう。この地にそのまま住み着いた海商たちがいた可能性も高い。名柄には、名柄ハチマン（八丸ともいう）という巨人の伝説がある。加計呂麻島の豪族、実久三次郎が二百キロ近い大石を名柄目がけて投げたところ、その石を蹴り返したというこの豪傑が倭寇（海賊）であるとも思われる。これらの人たちの中には平家の落ち武者を名乗り、落ち武者伝説を残した可能性も想像できる。実際、奄美の各地に平家落人伝説が伝わっている。

琉球王国による奄美大島の征服は一四四七年で、喜界島が一四六六年だといわれる。与論と沖永良部島はそれ以前に琉球国の北山王国の勢力圏に入っていた。宇検地方には與湾大親《よわんうふうや》（？〜一五三七年）と呼ばれる豪族がいたことが、名越左源太が残した幕末期の奄美の博物誌『南島雑話』にも、伝説として詳しく書かれている。それらによると、大親（行政官）は琉球王国に年貢を収め一帯を支配していた。若いころ糟五郎と呼ばれていた大親。大親はノロの真国金とともに祭政一致の平和な時を過ごしてい

湯湾岳にある「與湾大親の墓」

た。大親は人格も優れ、剛毅で、風流を好み、村に善政を施していた。これを妬んだ倭寇上がりで古見湊（奄美市名瀬古見地区？）の按司《あじ》（地方豪族）我利爺《がりや》が、琉球国王尚清王に「與湾大親には王国政府に謀反の企てがある」と讒訴《ざんそ》（告げ口を訴える）した。このことをきっかけに琉球国府は「王兵を発し、大島を制す」ことになった。これは、一七〇一（元禄十四）年に編纂した『中山世譜』にも尚清王十一年春と記録されている。伝説とされているが事実だったようだ。

真実は、大親に謀反の意思は全くなかった。ただ、奄美の凶作で琉球国に年貢が納められないので、與湾大親は農民に鉄製の農具を与えて作物の増産を試みた。この農機具の鍛冶の仕事から「武器を作って謀反を起こす企てをしている」と讒訴された。尚清王は討伐軍を送ったが、與湾大親は応戦せず、「吾罪なくして死につく、吾を知るものは天のみ」という言葉を残して、自らの潔白を示すために湯湾岳で自害した。與湾大親は自害前に長男・二男・長女を一つの箱に入れ、もう一つの箱に三男・妻を入れて田検海岸のユービンハナから流し、箱は運よく琉球に漂着したという。二男の糟中城は沖縄のハルガン大王に助けられ、大王の後を継ぎ御主加那志前養父となり、後に小禄殿内という大将になる。

彼が「馬氏《ばーうじ》」の始祖で、馬氏は、三司官の良憲・良員・良豊を輩出した琉球王府・首里の名家の一つだという。大親は『馬姓家譜』に「大島酋長與《よ》湾大親」と記されていて土着の豪族であった感じを受けるが、馬姓一族の繁栄や糟中城の子孫良憲・良員・良豊の三司官などから考えると、もともと琉球から派遣された大親であったと考える方が史実に近いようだ。馬氏一族に対しては異例の登用であり、それは琉球国王が與湾大親の忠誠と大島統治の実績を高く評価し、征討したことを償うためであったと考えられる（『宇検村誌』）。

湯湾岳に大親の墓（碑）が立っている。この墓を代々供養しているのが、湯湾のグジヌシを務めていた旧家の白井家だ。湯湾のアシャゲから白井家を通り湯湾岳に向かう神道がある。『馬姓家譜』に記録されている與湾大親の館は、グスクといわれる場所ではなかったか。その記録の中に「與湾大親亡き後、その旧宅に神女ありて出現し、しばらくその宅に遊ぶ。村人その宅を尊敬し、ときどき焼香してこれを拝む。よってこれを封じて興湾嶽という」と記しており、おそらくこの神女がノロ神であり、ノロ信仰がこうして始まったと伝えられている。奄美におけるノロ信仰が確立するのは十五、六世紀からであったと考えられるが、このことと符号しているという。

白井家には琉球赤漆の箱が保存されており、数々の古文書も残されている。沖縄の小禄家から贈られた印鑑もある。古文書にも小禄雲上の書状があり、そこに印鑑が押されている。古文書は二十五点あり、ほとんどが琉球の小禄家から贈られてきたものである。

また馬氏一族が湯湾岳の碑を訪れ参っているという。白井家と馬氏一族との親交は今も続いている。

與湾大親の居城地は奄美市笠利町用安だったという説もある。『大奄美史』によると與湾大親は笠利の

奄美市笠利町節田にある大親神社

用安に生まれ、琉球に渡る。国王嫡子の宮参りの行列に一度ならず二度会う。行列に最初出会った者が世子の養父となる定めから出世繁栄した、と書いている。與湾大親の読み方「湯湾」と読むか「用安」と読むかによって、その居城の所在地が異なる。

（参考文献）

宇検村誌編纂委員会編『宇検村誌』宇検村、二〇一七年
先田光演『奄美の豪族―與湾大親』宇検村振興育英財団、一九九二年
國分直一・恵良宏『南島雑話二』平凡社、一九八四年

## 2　薩摩藩の琉球王国侵攻

島津氏は十七世紀初頭に琉球侵攻を行った。その結果、わが奄美大島郡全域を島津氏は自らの領土とし、琉球王国を表面上〝独立国〟としたものの、実際は意のままにし、明との密貿易の隠れ蓑にしようとした。豊臣秀吉に屈服、関ヶ原の戦いで徳川家康に敗退して藩の存続も危うい状態だった薩摩藩。相次ぐ敗戦で財政は破産状態だった。その財政再建のための琉球侵攻だったようだ。その結果、上方で大人気の奄美の黒糖を独り占めにし、密貿易などで巨万の富を得た。それがのちのち雄藩として明治維新を推進した原動力にもなった。

島津家久（当時は忠恒）が琉球との貿易利権の独占を狙い、琉球王国に対して島津氏の渡航朱印状を持たない船舶の取り締まりを要求したのが発端だった。王国側がこれを拒否するなど従来の善隣友好関係が崩れることになった。明との貿易をしたい江戸幕府は、図らずも薩摩藩と利害が一致したので、侵攻を〝黙認〟していた。

薩摩軍は一六〇九（慶長十四）年三月四日、樺山久高を総大将に、平田増宗を副将として総勢三千人、約八十隻の船で山川港を琉球王国攻略へ向けて出港した。七島の船頭（二十四人）の先導だった。その一人とみられる七島船頭が書いた『琉球軍記』や『琉球入ノ記』などによると、軍勢は途中難風に遭い、七十隻が方々へ吹き流され、奄美大島の各港へばらばらに着岸した。総大将と七島船頭が乗船した五隻は、津代湊（奄美市笠利町）に、他の船の一部は西間切（焼内間切？）の西古見（現在は瀬戸内町）へ、さらに湾仁屋（現在の天城町湾屋）に到着した。

このような状況をみて、大島の百姓たちは、大親《うふうや》（地区のリーダー）を大将として柵をめぐらし防戦に努めたが、薩摩軍は船から鉄砲で柵を打ちこわした。武器を持たない大島の百姓は、棒の先から火が出る鉄砲に驚き、「棒先からウマチ（火）が出て撃ち倒されるぞ」と山に逃げ去ることしかできなかった。この時、大親の子、焼内太郎は十三歳であったが、母親に連れられ拝山の奥深くに隠れ、十二、三日たって世間が静まると母とともに里に帰ったという。

徳之島の秋徳（現在の徳之島町亀徳）では、薩摩軍を見て掟兄弟が「この棒で皆、打ち殺してやる。百姓どもは家ごとに棒を尖らし、竹の先に包丁や山刀をくくりつけて防戦せよ」と命令。三尋（五・四メートル）ほどの棒をひっ下げて進み出た。また粟粥の呪術を信じ、坂道に煮えたぎった粟の粥を流し、敵のスネを焼き切ろうとする古代的な戦術を取った。これで、関ヶ原の戦いで徳川家康の本陣を勇猛果敢に突破した薩摩軍に勝てるはずがない。薩摩軍はほとんど戦うこともなく大島各島を平定した。

薩摩軍は同年三月二十五日、沖縄本島北部今帰仁の運天港に到着、

あちこちに放火する薩摩軍を前に人々は逃げ去ったので、難なくほとんどの兵を上陸させた。そして陸と海から首里へ行軍した。薩摩軍は浦添城と龍福寺を焼き払い、首里に接近した。雨のような鉄砲を撃ちかけられ、琉球王国軍は城間鎖子親雲上盛増（城間盛久の長男）が被弾して、そのまま薩摩軍に首をはねられた。それを見た琉球軍は戦意喪失して首里城に逃げ込んだ。城を出て名護親方の屋敷に移った尚寧《しょうねい》王は、四月五日に降伏し、四月十六日樺山・平田と対面、尚寧王とその重鎮らは五月十五日に鹿児島へ出発、二年五カ月も抑留された。

尚寧王は鹿児島へ連行される途中、風待ちで焼内間切の宇検集落に寄港している。ちなみに復路も寄港した。上鹿の折、配下の昇進辞令と、島役人の崎原勢頭に赤八巻を与えている。赤八巻とは九段階ある琉球王国の階級の一つで、八番目の正従八品に相当するもの。王は連行されながらも、辞令や階級を与える余裕があったようだ。

翌十年、尚寧は薩摩藩主忠恒と共に江戸へ向かい、駿府で家康に、八月二十八日に江戸城で秀忠に謁見し、翌年「琉球は子々孫々まで島津氏に背かない」と述べた〝起請文〟に署名させられた。忠恒は戦勝の功績で家康から名前に「家」をいただき、「家久」と名乗った。

この結果、薩摩藩は、琉球王国から切り離し奄美諸島を直轄地にした。琉球国という名称は残しつつも沖縄・先島諸島を実質的な島津氏の支配下におきながら、その背後の徳川幕府に従属する道のりを歩むことになった。

幕府も将軍が代わり、琉球王の代替わりの時は「琉球使節」が江戸まで〝あいさつ〟にやってくるようになった。幕府は琉球使節の異国情緒あふれる出でたちを歓迎した。それは幕府の威光が外国にも及んだことを江戸市民に印象づけるためだった。

尚寧王は一六一二年に琉球に戻ったことを北京に知らせ、対中国貿易の再開を図るが、明国の解答は、これまで二年に一度だった進貢交易を、今後は十年に一度とするものだった。島津氏は、琉球を介して対中国貿易を図ろうとしたのだが、なかなか目論見通りにはいかなかった。

薩摩藩は北前船で北海道のコンブなどを沖縄に移入し、さらに中国に持ち込むことで暴利を得た。いまでも奄美・沖縄県民はコンブ好きだが、これがきっかけになったようだ。もちろん密貿易も頻繁に行われていた。それ以降の薩摩藩に支配された時代を「大和世《やまとゆ》」という。

奄美の年貢を黒糖だけにして、上方に売り込み膨大な利益を得た。この黒糖で得た金は、幕末期の討幕運動の大きな資金になった。このサトウキビ栽培のプランテーション化が奄美諸島全域で進み、その裏側で債務奴隷ヤンチュが大量に生まれ、「黒糖地獄」といわれる奄美島民の生活を苦しめる結果になったことを、私たちは忘れてはいけない。

（主な参考文献）
宇検村誌編纂委員会編『宇検村誌』宇検村、二〇一七年
名瀬市誌編纂委員会編『名瀬市誌一巻』名瀬市、一九七三年
山下文武『琉球軍記　薩琉軍談』南方新社、二〇〇七年
松下志朗『近世奄美の支配と社会』第一書房、一九八三年
沖縄大学地域研究所編『薩摩藩の奄美琉球侵攻四百年再考』芙蓉書房出版、二〇一一年

## 3　享保十二年宇検方生勝の検地帳

### 集落の三分の一がヤンチュ？

奄美の幕末期の姿を得意の絵と文で描いた名越左源太の『南島雑話』には奄美大島の各集落名が列挙されている。だが、焼内方の記載で、なぜか「生勝」の名が欠落している。左源太が失念したのだろうか。どうしてだろうと思っている最中に、鹿児島県立短期大学の研究誌『南日本文化』に、田検中教頭をしていた先田光演さんの「奄美宇検村生勝の検地帳」という論文が目についた。それは「享保十二（一七二七）年大島焼内某村検地帳」というもので、名瀬市（現・奄美市）の宝井彬夫さん宅にあったものを、原口虎雄元鹿児島大学教授が書写したらしい。ところが表紙が破れて一部破損もしていたので、松下志朗福岡大学教授は『近世奄美の支配と社会』という本で「焼内方〝某村〟の検地帳」として論文に書いている。

ところが、先田さんが親田、バキシャキ、桁蔵《けたぐら》、当ザラシなど十五カ所の小字名が生勝の小字名と一致したので、「この検地帳は生勝のものである」と確定したという論文を鹿児島県立短期大学の『南日本文化二十六号』に掲載した。これは、江戸中期のシマ（集落）の暮らしぶりが分かる貴重な資料の一つだ。江戸時代の検地帳は、奄美に数点しか残っていないという。

当時は生勝を「徳島」と呼んでいたらしく、その後、集落を全焼する大火が発生し、集落名を「生勝」に変えたらしい。世帯数は二十三世帯で、約八十人が細々と暮らしていた。

生勝の戸数と人口は、一九一六（大正五）年発行の『焼内村史』で八十戸、四百六十人、太平洋戦争後で約百戸、約五百人だった。二〇一七（平成二十九）年発行の『宇検村誌』では三十七戸、六十七人（男四十人、女二十七人）という。

全家族の名前と家族構成、年齢は表1の「生勝の家族構成」を見れば分かる。記録されている耕作地は、田百八十四筆（約五町五反）、畑地二十一筆（約一反）、芭蕉地九筆（一反二畝）となっているが、欠落個所があるので実数は不明である。三方を深い山が迫った特有な地形なので、奄美でも極端に耕地が狭いことは今も変わりない。

表1　享保12年の生勝の家族構成

| | 名頭名 | 屋敷面積 | 家族数 | 祖父 | 祖母 | 父 | 母 | 祖父母 | 子ども |
|---|---|---|---|---|---|---|---|---|---|
| | 世帯主名 | 等級・歩 | 人数 | 年齢 | 年齢 | 年齢 | 年齢 | 年齢 | 年齢 |
| 1 | 不明 | | 不明 | | | | | | 8 |
| 2 | 仁佐統 | 下・30歩 | 5人 | 63 | | 32 | | 30 | 2・1 |
| 3 | 真塩 | 下・18歩 | 6人 | 87 | | 35 | 24 | 38 | 4・2 |
| 4 | 語志富 | 下・24歩 | 3人 | | | 50 | 28 | | 2 |
| 5 | 国勢たら | | 4人 | | 74 | 46 | 35 | | 7 |
| 6 | 栄富 | 下・16歩 | 3人 | | | 28 | 24 | | 4 |
| 7 | 仲村 | 下・16歩 | 7人 | | | 49 | | | 24・19・17・15・9・7 |
| 8 | 池里 | 下・30歩 | 2人 | | | 75 | | | 22 |
| 9 | 思なべ | 下・30歩 | 2人 | | | 39 | 36 | | |
| 10 | 米治 | 下・16歩 | 7人 | | 83 | 56 | 54 | 52 | 19・15・8 |
| 11 | 浦森 | 下・18歩 | 2人 | | | 28 | 20 | | |
| 12 | 樽かなし | 下・12歩 | 2人 | | | 20 | 22 | | |
| 13 | まくたら | 下・12歩 | 1人 | | | 40 | | | |
| 14 | よむの樽 | 下・24歩 | 4人 | | | 59 | 53 | | 26・15 |
| 15 | 国せたら | 下・24歩 | 2人 | | | | 43 | | 21 |
| 16 | 勝嶺 | 下・30歩 | 5人 | | | 42 | 36 | | 12・8・6 |
| 17 | 米知 | 下・30歩 | 2人 | | | 32 | 24 | | |
| 18 | 栄知 | 下・30歩 | 4人 | | | 34 | 35 | | 8・4 |
| 19 | 金里 | 下・30歩 | 7人 | | | 51 | 39 | | 21・15・11・9・2 |
| 20 | ちきやる | 下・30歩 | 2人 | | | | | | 22（兄）・15（妹） |
| 21 | よかり | 下・30歩 | 2人 | 78 | | | | | 17 |
| 22 | 真佐武 | 下・30歩 | 2人 | | | | 52 | | 15 |
| 23 | 池沢 | 下・27歩 | 2人 | | | 31 | 22 | | |

（『宇検村誌』から）

表1を詳細に見てみよう。夫婦揃っている家庭は十四世帯だが、内五世帯は夫婦のみの世帯であり、子供の誕生が期待されている。九歳以下の子供が十七人もいて、子供が多い、にぎやかなシマの様子が伺える。〝仲村〟という人の家族は一家七人で、父は四十九歳なのに母は死亡し、子供は二十四歳を頭に十九歳、十七歳、十五歳、九歳、七歳と六人の子供がいた。〝金里〟は父五十一歳と妻三十九歳の間に子供が五人（二十一、十五、十一、九、二歳）おり、食べ盛りの子供の多い家族で食料調達が大変だっただろう。

しかし、単身世帯が一戸と、兄と妹、祖父と孫の二人世帯が二戸もあり、困窮した世帯があったことも想像できる。さらに女性の死亡率が高いことから、出産後の栄養状態が悪く、食料不足の状態を垣間見ることができる。

水田の地味は上田・中田・下田・下々田に区分され、一畝あたりの収量は籾高で上田一斗七升から一斗三升、中田一斗三升から一斗二升、下田一斗、下々田九升から四斗となっている。畑地の記載は一反しか書かれていないが、別冊があったのかもしれない。

『宇検村誌』によると、生勝の検地帳では耕作者を次のように三つに区分している。

A　集落内に屋敷を持ち、耕作地の割り当てがある者
B　集落内に屋敷を持ち、耕作地がない者
C　集落に屋敷はないが、耕作地がある者

普通はAが集落の構成員となるが、集落民の二十三戸の内、十二世帯がシマに耕作地を持たないB（耕地なし）と見られる。逆にCの他集落の耕作者が五十二人にのぼっている。生勝の耕地所有者の六分の五が他集落者だったことは「生勝は他シマの作場（耕作地）だった」という古老の話を裏付ける結果だ。

のち薩摩藩から「碇《いかり》姓」を賜った宇検集落の佐渡知《さどち》ら焼内与人《よにん》（ユカリッチュといわれる豪農で、当時の村長役）や金居番、脇田配、窪田之配などの役職名が記されている。この中で佐渡知が二十三筆、約八反と一番多く水田を耕作している。これを「生勝の検地帳」と断定した先田光演さんは、「シマ社会に生きる島役人の役割」と題し、「シマ役人にとっての耕作地の拡大に伴い、貧しい村人の肩代わりをして、シマを守る責任が、おのずと課せられていたであろう」と大島新聞（現・奄美新聞）に書いている。

表2　屋敷持ちの石高と他集落民の石高

| A・B：屋敷持ちの石高 | | C：他集落民の石高 | |
|---|---|---|---|
| 栄知 | 4石 | 佐渡知 | 10石 |
| ちきやる | 3石6斗 | 間切与人 | 3石6斗 |
| 栄富 | 2石4斗 | 赤平 | 2石7斗 |
| よかり | 2石2斗 | とら | 2石3斗 |
| 仁佐統 | 2石2斗 | 見附たら | 1石8斗 |
| 米治 | 1石6斗 | 池治 | 1石8斗 |
| 池沢 | 1石3斗 | 勝富 | 1石5斗 |
| 勝嶺 | 1石2斗 | 久志富 | 1石4斗 |
| 仲村 | 9斗 | 喜久勝 | 1石3斗 |
| 金里 | 2斗 | 久志美 | 1石3斗 |
| 真塩 | 0（B） | 黒金 | 1石2斗 |
| 語志富 | 0（B） | 平久保 | 1石2斗 |
| 国勢たら | 0（B） | 樽金 | 1石2斗 |
| 池里 | 0（B） | 脇田配 | 1石1斗 |
| 以下8名 | 0（B） | 以下省略 | |

（『宇検村誌』から）

与人の耕作者の中に文仁演の名前も見える。文仁演は東間切渡連方（現・瀬戸内町加計呂間島渡連）の与人で、「文仁演事件」で有名になった男。文仁演は親類の三人から米を借りた。ところが親類は悪代官と結託していた。薩摩藩は「年利三割以下を守れ」（それにしても高金利）と達したのに、親類は、それ以上の「元利一千石」として返済の矢の催促をした。文仁演は、藩に直訴状を出したため、島役人を巻き込む大騒動に発展した。関係した代官や島役人が島流しや投獄された事件だ。

　生勝の水田総面積五町三反余の内、シマに耕作地があるAの総面積は一町七反余だけで、三分の二はCの入作になっていた。つまり、シマの住民の二割近くしか土地を持たない、異常な事態が生じていたのだ。これは、生活が困窮し、年貢上納ができない家族が耕作地を手放してヤンチュ（債務奴隷）になった様相を示している。表2「屋敷持ちの石高と他集落民の石高」をみると、集落内における貧富差の激しいことが分かる。約一石以上が八戸あるが、十二戸は無高である。耕作地を手放して他集落に住む豪農のヤンチュに成り下がっていたようだ。

　時代が下って薩摩藩は島津重豪《しげひで》の放漫財政で上方（大坂）の商人に五百万両の借財を抱えるようになっていた。さらに江戸幕府の指示で木曽川改修工事も重なって大ピンチ。家老の調所笑左衛門広郷が、一八三一（天保二）年に奄美大島・徳之島・喜界島で砂糖の増産と専売制度をはじめ、島民への支配は過酷になっていった。これを藩の「天保の改革」という。そのため島ではヤンチュに転落する人々が続出し、島全体の三割～四割になったといわれる。この時期、生勝のヤンチュもさらに増えていったことが予想できる。しかし、ヤンチュになっても集落内で身分の差は生じなかったようだ。ヤンチュになることで逆に「八公二民」の薩摩藩の厳しい税制から解放され、米は一粒もなくともお互いに協力し、食料を分け合って生き延びることができた。ホッとしたかもしれない。

　表1の「生勝の家族構成」では兄妹二人家族の〝ちきゃる〟と、高齢の祖父と孫の二人暮らしの〝よかり〟が、表2「屋敷持ちの石高と他集落の石高」においては石高の上位を占めている。家族構成と石高は相関関係がないことが分かる。

　さらに注目したいのは集落民のピラミッド型の年齢構成だ。男子の十～十九歳と女性の四十～四十九歳が極端に少ない。先田さんは、この落ち込みを、自然の出生と死亡の関係から生じたものではないと見る。大きな災害や戦災、流行病などによって多数の死亡者が出た結果、このような極端な落ち込みの見られるのが一般的である。当時年齢が十～十九歳であった人の幼児期は一七〇五～一七一五年に当たることから、先田さんは「この時期に流行病や飢饉年があると、乳幼児の死亡率が高くなる」として、一七〇九（宝永六）年、徳之島で発生した天然痘や大飢饉で病死や餓死者が多数出た事実を指摘している。天然痘や飢饉が焼内方生勝（徳島）まで侵入したのだろうか。

江戸中期の生勝では、このようなカヤぶきの「ウエバリヤ」に住んでいた？（『南島雑話』から）

「享保十二年某集落の検地帳」に出てくる、小字名の某集落を「生勝」と断定した先田さんは大島新聞で、

当時の生勝のたたずまいを想像すると、約百アール（三十坪）以下の屋敷を持った茅葺きの小さな小屋が二十数軒ひと塊にひしめき合いながら、村落共同体としてシマ社会を形成していたようだ。一世帯ごとの耕作面積や労働力から考えると、生命を支えるための生産活動が十分でない家族もあって、シマ社会全体が極限に近い生活を営んでいたと考えられる。

と愛情を込めて書いている。当時の生勝の真の姿を語っている。徳島（現在の生勝）の暮らしぶりがわかる江戸時代の文献は、おそらくこれが初めてだろう。大変貴重な史料だ。

## 4 黒糖地獄に苦しむ

奄美の農民は、薩摩藩時代に黒糖地獄に苦しんだ。

奄美のサトウキビは大和村の直川智が琉球へ渡航中に台風に遭い、流された中国から持ち帰って一六〇九（慶長十四）年に植え付けたのが始まりとされる。薩摩藩は当初、「借金で百姓を下人にするな」などと告げて自立農民の育成を目指していたが、上方で人気の砂糖に目をつけて一七四七（延享四）年に換糖上納制（米で納める税を黒糖に換算して納めてよい）を敷いた。当時の奄美の米は質が悪く、砂糖で納めてもよろしい、という程度だった。

この後、江戸幕府から薩摩藩への指示で行った木曽川工事や、藩主重豪の蘭学趣味などで財政難に陥り、借金は実に五百万両にまでふくれあがった。その利子だけで年三十五万両だったのだ。そこでこの窮地を救うために、調所笑左衛門広郷が一八三〇（天保元）年に「天保の改革」を強行した。

奄美での貨幣の流通を停止し、必要な日用品は黒糖に換算し、藩が発行する羽書《はしょ》を用いて藩から購入させるようにした。茶や昆布など生活に必要なすべてを高い価格で奄美に押し付けた。例えば蛇の目傘一本が黒糖六十斤、雨合羽六十斤などいずれも藩の言い値だった。サトウキビによるプランテーション化をすすめたのだ。アメリカの富農が綿栽培に黒人奴隷を使用したようなものだ。幕末期の俗謡がある。それによると、

屋家業《やかぎょう》一番な、ま東《ひきゃ》や前織衆（林家）、うりが二番な、ま住佐応恕衆、大和浜三番態安衆（太家）

これが奄美の三大豪農だった。林家はヤンチュを三百人以上も抱えていた。正月にはヤンチュも家に招待して飲み食いさせたのだが、皆飲んで顔を真っ赤にして踊ったので、「まるでクッカル（アカショウビン）みたいだ」と笑い合ったという。

さらに、黒糖を一定量藩に寄付した人には一字姓を与え、郷士格にするなどの政策もとった。瀬戸内町篠川の芝好徳は最高の砂糖四十万斤を献上した。藩砂糖の実績合計は一八四八（嘉永元）年に約五百五十八万斤だったが、一八五二（嘉永五）年には約六百二十九万斤、一八六〇年代には九百万斤にもおよんだ。薩摩藩は大坂商人への借財五百万両を二百年に延ばし、黒糖による蓄財に励んだ。それゆ

え「薩摩藩は黒糖収入がなければ、明治維新も成し遂げられなかった」と言われる。つまり明治維新は奄美の犠牲で成し遂げられた、と言っても言い過ぎではない。明治になっても、黒糖の取り引きは鹿児島県の専売にするなど、本土の奄美搾取は続いた。

奄美の人間で上層階級に当たるのは、土地を比較的所有している琉球王国時代からのユカリチュ（由緒人）や、シマの豪農、与人とよばれた島役人らである。与人には、生勝に一番土地を所有していた佐度智（碇家）や同じ生勝に土地を所有し瀬戸内町渡連に住んでいた文仁演（屋宮家）がいる。進んで藩に黒糖を寄付して「姓」を獲得する人たちが増えた。しかし、その一方、全国的に六公四民といわれた税分担も、奄美では八公二民の厳しい税。これが納められずに、借財してその借財がかさみ過ぎて返却できずに、余裕のあるユカリッチュや豪農に身を売ってヤンチュになった人が次々と生まれてきた。中には重税に耐え切れずに自らヤンチュに転落する人もでるようになった。身売りの代価は砂糖千五百斤から二千斤だったようだ。ヤンチュの子供は膝素立《ひざすだち》といって終生、ヤンチュのままだった。

砂糖樽を担ぐヤンチュ
＝『南島雑話』から

シマウタで歌われているカンツメ節の主人公もヤンチュの一人だ。須古集落のカンツメは名柄集落の富農の家でヤンチュとして働いていた。その家に、書記をしている岩加那も訪れ、歌遊びが開かれた。歌の上手なカンツメも呼ばれ、美しい歌を歌い合った。二人はいい仲になり、佐念山で逢引するようになった。それを知った豪農の奥さんが嫉妬し、カンツメの大切な局所に焼け火ばしをあてて折檻した。カンツメは岩加那と過ごした佐念山に登り、首をくくって自殺した、という。今から百八十年前の実話だという。

この悲しいヤンチュの運命をシマウタにしたのが「カンツメ節」だ。生勝では夜遅くなると「カンツメ節」を歌うものではない、と暗黙のルールが守られてきた。同じヤンチュで主家に虐待された瀬戸内町小名瀬のイマジョの霊は、昭和時代にも時折、風呂敷包を持ってバスに乗ってくるといわれた。そこでシマウタの名手だった我が坪山豊さんが「眠れよイマジョ」という曲をつくり、イマジョの霊を慰めている。

一七二七（享保十二）年の生勝検地帳によると、全く土地を持たない家族が十二世帯も存在する。まだそのころは黒糖地獄もなく、米を栽培して年貢を納めていたころである。集落の三分の一が「土地なし」とは驚いた。その人たちは何を食べて生きていたのだろうか。ヤンチュに成り下がった人たちが存在したのだろうか。奄美の農民にとって、もっと過酷な黒糖地獄に追い込まれた幕末期の生勝を思うと、言葉を発することもできない。他シマではヤンチュばかりで集落が維持できず、潰れ村（廃村）になった所も多く現れた。

なお、砂糖を大量に寄付した奄美の人には龍とか碇などの一字姓を与えたと書いたが、琉球には三字姓を強要したという。たとえば横田というヤマトの二字姓を「与古田」、前田を「真栄田」と三字姓にした。奄美には大和めきたる苗字を禁止し、「琉球之内」として本土との差別化を図った。奄美の一字姓を賜った人は幕末までに七十世帯ぐらいで、人口のわずか〇・八パーセントだった。一字姓を賜ったものの、奄美と琉球には「帯刀」も許されなかった。

（主な参考資料）

麓純雄『奄美の歴史入門』南方新社、二〇一一年
名越護『奄美の債務奴隷ヤンチュ』南方新社、二〇〇九年
宇検村誌編纂委員会編『宇検村誌』宇検村、二〇一七年

## 5　明治初期のイギリス人が見た宇検村

一八七二（明治五）年十二月三十日に、イギリス軍艦カーリュー号が宇検村の焼内湾に入港した。この船は、同年九月末に沖縄本島北部にある宜名真《ぎなま》（現国頭村宜名真）の沿岸で破船・沈没したイギリスの帆船ベナレス号の生存者五人を救出するために、上海のイギリス領事館から派遣されたものであった。領事館の通訳官マレーが同乗しており、彼が上海に戻った後に作成した報告書を情報源とする新聞記事「琉球への旅」が、一八七三年一月二十七日付で上海イブニング・クーリエ紙に掲載されている。その記事の奄美大島（宇検村・名瀬）滞在中に関する部分を、渡辺美季さんが翻訳して、『宇検村誌』に寄稿している。それは田検集落を中心に描いているが、明治初期の他の集落の暮らしぶりを知るのに貴重な資料なので、『宇検村誌』から引用してみた（補記あり）。

　一八七二年十二月三十日の朝五時に大島が見えた。午前十時には焼内湾の入り口に並行して停船した。道に障害物は見当たらず、ゆっくりと前へ蒸気力で前進し、私がすでに見たことがある極小の入り江の一つに向かった。両側が非常に高くごつごつした丘陵で、それは形態から火山（？）に由来するものである（編注：宇検村は霧島火山帯から外れている）ことは明らかだった。頂上までよく樹木が茂り、山々の間には深い谷間と峡谷があった。そしてそのあちこちに一ダースほどの小屋からなる小さな集落が点在していた。湾内のどこを見ても、自然のままの美しい景色が広がり、新鮮な眺めだったので、ついに田検と呼ばれる村の対岸に位置した、湾の先端に近い小さな入り江に錨を降ろさねばならなくなった時、我々はみな（遊覧を終えることを）残念に思った。

　到着してすぐに、この場所の村長が、洋服を着た日本人やほかの現地人とともに、我々のところへやってきた。日本人は少し英語を話すことができたので、彼に通訳をしてもらい、五人の遭難者が島の北部のどこかにいると思われることを告げた。村長はこの件についてはほとんど知らないようだったが、北にある名瀬と呼ばれる中心村落まで特使を送り、全ての詳細についての情報を得ると約束してくれた。そこで我々の司令官であるコットン海軍大尉は、そこにいるかもしれない難破者に我々の所在を知らせるために、特使に託して手紙を送った。三日以内に返事を受け取ることができるだろうということだった。

　返事を待つ間、我々はその湾を全て調査し、風波から守られ、最大規模の小艦隊がゆとりを持って停泊できる十分な深さと大きさを持つ、我々が発見し得る恐らく最善の港の一つであることが分かった。（一部略）

　現地人たち——みんな背がとても低かった——は、全く無害で、極貧であることが分かった。彼らの主食は、サツマイモ、

赤い穀のあるクリの実（蘇轍の実か）、すりつぶして粉にして用いる（何かの）さや、湾で捕れる魚であった。彼らは夜間に小舟に乗って、この（魚を捕るという）仕事に従事する。その小舟の多くは、ただ木をくりぬいて作ったものである。魚を捕る間、舳先では松明が灯され、水面に映る無数の灯りがとても美しい。彼らは全く無色の酒（編注：焼酎？）を蒸留し、それはかなり私の好みに合うものだった。彼らの衣服は自ら織ったもので、それは華美なものではない。寝間着の上に着るガウンのようなローブを着て彼らの身支度ができあがる。さらに身分の高い者は二本の長い金属製のかんざしを髪に挿し、身分の低い者は同じようなかんざしを一本挿す。女性の手にはどの指にも上から下までいれずみ（編注：針突＝ハジチとかハヅキという）があり、わずかに容姿の良い者もいるが、大半は明らかに醜い容貌だった（編注：生勝でも戦後直後までハジチを彫っており、恥ずかしそうに手指を隠していたお年寄りらが存命していた。ハジチを彫ると、あの世で幸せになる、という言い伝えがあったからだ）。彼らの住む所はしっくいと木で作られた小屋で、身分の高い者は床を地面から上げていた。火は部屋の中央の大きな平たい石の上で燃やされ、煙をできる限り逃がしていた。我々が立ち寄ることのできた小屋ではみな、酒が出されて勧められ、子供以外の誰も我々を恐れないようだった。現地人は周辺の丘陵の木を切って薪を得、それを道のふもとまで送るのである。幾つかの谷間は絵のように美しく、谷間には長く続く小川が流れていた。小川には岩棚が連なり、所々に小さな美しい滝があった。水は素晴らしく澄んでいて、非常に清らかだった。

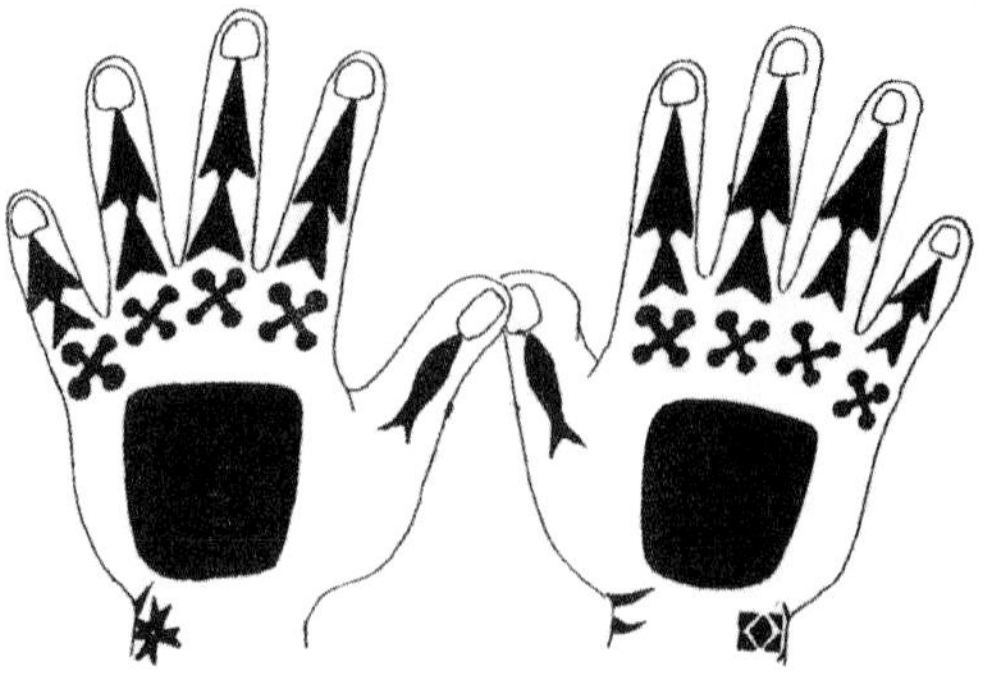

イギリス人が見たと思われる針突（ハヅキ）の一種（山下文武著『奄美の針突』から）

　田検村の対岸に停泊中、我々に驚き敬服するようになった多くの現地人の中に、父親に連れられた小さな少年がいた。我々の医官が眼瞼《がんけん》内反（編注：まぶたの縁が内側（眼球側）へめくれてしまう。逆まつげ）の手術をしたが、父親は喜んで医師の手に息子をゆだね、手術の成功を非常に喜んだ。手術の五分後、その小さな子供は、手に大きなパンのかたまりを持って——彼は素早くそれを食べ終えた——、まるで何もされなかったかのようにデッキを前後に歩き回っていた。この小さな出来事は、より高い文明世界においてはあまり見出せない信用の程度を示している。歩いている時に、たくさんのバナナの木——わずかしか実っていなかったが——、野生のイチジク、パンノキなどを見つけた。もし私たちがシダ採集業者だったら、その趣味を完璧に満たす時間の使い方と、その骨折りに見合う成果を手に入れることができただろう。温度に関しては、我々の多くが十二月三十一日の朝七時から水浴びしていたことに言及しよう。その時の温度計は華氏七十三度（摂氏二二・八度）で、我々はそれより涼しい天候は滅多にないことを理解するようになった。夏のような暑さは確かにひどいものだが、乾燥していてマラリヤはない。（編注：その後、カーリュー号は同年一月三日、早朝に錨をあげて名瀬経由で、八日午後に那覇港へ帰っている。）

現在のところ、イギリス船の焼内湾来航は、カーリュー号の事例と、一八八二（明治十五）年四月に焼内湾に入港して一週間ほど停泊したイギリスの軍艦七隻（『大島代官記』）のみである。シマウタの「くるだんど節」で、

〽相談ぬかかでぃ　イギリス・オランダぬ　朝廷様から相談ぬかかでぃ
借らちたぼれ　大島や焼内湾ぬ　借らちたぼれ
（イギリスとオランダの朝廷様から相談がありました。大島の焼内港を借してくださいと）

と、唄っている。

その後、歌詞は、イギリス軍艦七隻が芦検沖から田検沖までたくさん停泊していたので、「その雄姿を見ようと、大和村の今里や志戸勘、名音、戸円の人たちが山道を越えてやってきた」と歌われている。カーリュー号の時にはもちろん、生勝の人たちも見学しただろう。シマウタの第一人者だった坪山豊さんが「シマウタは半学問」といったことを如実に示している。シマウタは歴史の証人でもある。

（参考文献）
宇検村誌編纂委員会編『宇検村誌』宇検村、二〇一七年

## 6　宇検村のカツオ漁盛衰記

### 本土人が〝魚群〟を発見

奄美大島南部に位置する旧焼内村（一九一七年に宇検村と改称）は、どの集落も三方に山が迫っている。一九〇七（明治四十）年の同村の平均耕地面積は、田地で〇・八四反、畑地二・四反しかない。比較的に平地の多い笠利村（現・奄美市笠利町）の平均耕作面積で田地二・四九反、畑地五・九九反に比べ極端に少なく、奄美では最低の貧しい村だった。海に出て漁をするにも板付け舟しかなく、焼内湾内で自給するだけの量しか捕れない。近代化が遅れ、奄美本島一経済的な貧困を極めていた。そんな村に一時的に〝一筋の光〟をもたらしたのがカツオ漁である。

旧焼内村入口の岬に位置する曽津高崎灯台が点灯したのは、一八九九（明治三十二）年である。その建設工事に携わった人たちの中に、本土の旧佐多村（現・南大隅町）出身の土持畝助ら二人がいた。高台の灯台から東シナ海を眺めると、キビナゴの大群が黒く海を染めており、それを追うカツオの群れが黒く盛り上がるほどだった。

奄美初のカツオ船の八丁艪「寶納丸」＝『西古見集落誌』から

土持は、奄美のごく沿岸域がカツオの漁場であることを姉婿の前田孫吉に伝えた。前田はさっそく同年、持ち船の六丁艪の帆船・伊勢太郎丸を回航し、焼内村

西古見（現在は瀬戸内町）を拠点に、十カイリ沖（約十九キロ）を漁場とし、約六十日で十斤（六キロ）以上の大型カツオを九千七百尾あまり漁獲した。

この成果に、カツオ一本釣りを経験したことのなかった西古見の人々は皆驚愕した。この成果を見て迅速に対応をしたのが、地元の朝虎松だった。朝は土持と前田の帆船・伊勢太郎丸で自ら漁労の技術を習得し、一九〇一（明治三十四）年、西古見の有力者二十二人から建造資金を集めてクミアイを組織。薩摩型（二人がかりの八丁艪）寶納丸を建造した。朝は自ら船頭となり、新たな漁船員を指導しながら見よう見まねで操業した。十カイリ内はカツオの来遊が多く、大漁が続いた。毎年一隻の漁業平均額は一万六千円に上っていた（『西古見集落誌』）。

## 「ビールで足を洗う」屋鈍集落

このビッグニュースは近辺を駆け巡った。特に西古見の裏側の焼内湾入口に位置する焼内村（現在は宇検村）屋鈍集落をはじめ、村内のほとんどの集落がカツオ漁に飛びつき、現在の宇検村十四集落のうち十集落が六～八艪の手漕ぎ帆船を所有するほどだった。カツオ漁をしなかったのは、宇検湾奥の湯湾・石良・須古・部連の四集落だけだった。奄美全域でも同様で、一九〇四（明治三十七）年にはカツオ漁船数が百三十八隻にものび、奄美大島全域でカツオ漁ブームが起こった。私の生まれ在所の生勝でも二十二人でクミアイを組織し、漁宝丸のカツオ一本釣りを一九二一（大正十）年まで行っていたらしい（『奄美漁業誌』）が、資料がないので詳細は不明だ。

現在の宇検村で、最初に〝カツオ景気〟に湧いたのが宇検湾入口にある屋鈍集落だった。屋鈍集落では、西古見集落のカツオ漁と同じ年（一九〇一年＝明治三十四年）に出資者である鹿児島県川辺郡の中村源二郎が親方となり、中村と集落の人たちが合同で操業し、中村の従弟である中村浦久がカツオ節製造に従事したようだ。

翌一九〇二（明治三十五）年には、吉虎次郎を船頭に、集落の人々のみで「よこた丸」が操業に踏み切った。当初は八丁艪の帆船で漁船員は十二、三人体制だった。一九〇七（明治四十）年ごろから漁船の動力化が進み、漁得丸や漁勢丸も操業、集落内は三隻体制になった。灯台周辺の近場の漁場で一日三度も出漁するなど大漁が続いた。

その結果、漁得丸は年間総水揚げ高が当時の金で二万七千円と、莫大な利益をあげることになった。漁得丸の吉虎次郎は腕利きの船頭で、「屋鈍の吉虎、西古見の朝虎」と称されるほど有名となり、屋鈍のカツオ産業が隆盛を極めた。

三つのナヤ（カツオ節工場）は、解体作業場や煮釜、乾燥室、削り場、事務所などが備えられ、カツオ産業のシンボルである赤レンガ造りの大きな煙突から、漁期の間、黒煙がたなびき、カツオ漁業は隆盛を極めていた。漁船員や鰹節製造の人手不足から、大和村など他の地域からも補充するほど。従業員は十五、六歳からだったが、年齢に関係なく配当は全員同額の平等だったという。

一九一九（大正八）年の一人当たりの配当は漁得丸で千二百円、他船で八百円以下であった。人々は、しばし豊かになった。御殿のような立派な家が建ち、新築ブームも起こり、「ビールで足を洗う」盛況で、お金の保管所としての無尽（銀行）設立の話まで出たようだ。カツオ漁船に家族を乗せて沖縄旅行をし、絣や茶、厨子甕（納骨用の壺）、泡盛など沖縄土産を購入してにぎわったともいう。

## 遭難など不運続きの阿室船

そういった景気のいい話ばかりではなかった。阿室集落では遭難も多かった。もっとも大きかったのは一九一一（明治四十四）年旧暦五月十九日、阿室集落の大宝丸は、台風が近づいていたのも知らず出漁した。ラジオも天気予報もない時代で、船頭のカンが頼りのころだ。当時のカツオ漁業は日帰り操業が普通。なのに大宝丸は二、三日経っても消息がつかめなかった。大宝丸は動力船だったらしいが、何トンぐらいの船だったかなど詳細は不明だ。

近隣集落の漁船が総動員され、操業していたと思われる全海域、トカラ列島の最南端、横当島付近まで捜索したが発見できず、保枝与熊船頭ら乗組員二十三人全員が行方不明となった。最高齢は四十歳で、乗組員の大半が集落の青壮年だった。中には十八歳の若者二人も含まれていた他、佐念集落の二人も含まれていた。

大宝丸は一株六十円の出資で、親方と共同経営のような方式で新造船を建造して操業したが、後日の遭難で乗組員は生命を失い、親方は船を失って事業は〝自然消滅〟したものと思われる（山畑直三『集落郷土誌資料　宇検村阿室』）。働き手の大黒柱であった夫や息子を失ったムラのショックは大きかったようだ。

近くの島に避難したかも知れないと、一縷の望みを持って毎日浜に出て海を眺めていたが、ついに肉親は帰らなかった。悲しみに堪える遺族の口から、

〽哀れさ、むどさや　わーきゃが大宝丸
　七島の灘いじ　万才となへたろ

と、当時の流行歌のメロディーにのせて歌い、むせび泣く悲しい姿があったらしい。大宝丸遭難により打撃を受けた集落民は、その後意気消沈し、金主（集落外の商店）から財産の差し押さえ、競売処分を受けて、一九一四（大正三）年、ついにクミアイ解散となったのである。阿室の人たちが持っていた皆戸田、磯平などの田、畑の多くが屋鈍の人々の手に渡ったのである。

阿室船の遭難事故は、これだけではなかった。明光丸が一九二六（大正十五）年旧暦八月の新節（アラセツ）の夜になぜか出漁したという。奄美島民にとって一年でもっとも大切な祭り日である日に、わざわざ出漁して遭難したのだ。乗組員二十一人が遭難死し、二人が救助された。救助された定清善（当時二十歳）は友達と八月踊りの最中に船の人たちが呼びに来たので仕方なく乗船した。

翌日の夕方から天候は急変し、台風となった。中古船の明光丸は風と波にもまれて、遂に大破し、乗組員は板切れや棒切れ、イショ箱（釣り道具が入った箱）につかまって海に飛び込んだ。

定清善青年は、衣類を頭に載せてしばり付け「コバ島（横当島？）へ泳ぐ」と言って海に飛び込んだという。一夜明けてみるとコバ島はすぐ前に見えた。飛び込んだ連中も遠くに、近くに二人、三人と頭が浮きつ沈みつ見える、が誰であるかは分からなかった。米山常英と元孫吉二人は大きな板切れにつかまっていた、と証言している。

三日目の昼すぎ、捜索に当たった悦万之助の今福丸に救助された三人とも意識不明であったが、全乗組員のうち遺体が発見されたのは米助熊一人だけ。他は行方不明のままだった。明光丸遭難を悼む「数え唄」も阿室に伝わっている。

それだけではない。一九一五（大正四）年旧正月も間近い師走二日（新暦大正五年一月六日）午後三時ごろ、八歳の少年の火遊びで海岸の豚小屋から出火。折からの北東の季節風に煽られて猛火は一時間あまりで百六十棟の全集落を焼き尽くした。

集落から離れた揚田にある碇佐和為さん宅だけは、屋鈍の人たちが大勢駆けつけて屋根に登って水をかけ火の粉を消して消火に努めた。平田集落の婦人らも何百人分の炊き出しにやって来た。山畑直三さんの祖母や母は、差し出された義援ご飯に、泣いてうやうやしく手を合わせて拝み「トウトガナシ、ありがとう様ありょうた」と言って涙を流したと証言している。山畑さんは『集落郷土誌資料宇検村阿室』で被災者と義援者の全員の名前を記しており、貴重な資料になっている。

昼過ぎ、皆が畑や山の作業に出かけた後の出火だった。集落内にいたとしても、非常サイレンも半鐘もない時代。ただ人々は「火事だ、火事だ！」とバケツを叩いて叫びながら泣きわめくだけだった。この阿室の大火は、民俗学の父といわれる柳田國男が一九二〇（大正九）年十二月から翌年二月の約二カ月にわたって奄美・琉球諸島を旅行した際、阿室にも訪れ、「アシャゲ（ノロの祭祀建物）の老松だけが焼け残っていた」と『海南小記』に、その模様を記している。

相次ぐ遭難事故、大火災を乗り越えて、阿室のカツオ漁業は昭和に入って遠洋漁業にも進出したが、一九三四（昭和九）年に終えんした。

## 宇検集落は明治三十五年から操業

宇検集落においては、西古見や屋鈍でのカツオ漁業成功を受けて禎西廣と川渕参がカツオ産業に着手した。

宇検集落のカツオ産業については、愛媛大学の若林良和さんの論文「鹿児島県大島南部におけるカツオの産業と文化」と『宇検部落郷土誌』が詳しい。それによると、

禎西廣は一九〇二（明治三十五）年に、カツオ一本釣りとカツオ節製造に従事しながら、渡辺為太郎と春助一を宮崎県や愛媛県に派遣して技術指導を受けさせた。その一方、宮崎県明津からカツオ漁船を購入して同年春、集落民二十三人の協力で萬漁丸（後の朝日丸）の船頭となる。同時に、要八郎の宅地にカツオ節製造工場を設けた。

一方川渕参は、同年九月に集落民三十人の協力で、大分県平田から購入した十トンのすみよし丸（後の金吉丸）を稼働させた。さらに一九〇四（明治三十七）年には漁栄丸（後の漁納丸）が創業し、宇検のカツオ漁業は三隻の帆船体制となった。これらの帆船は船長十尋（十五メートル）、船幅二尋（三メートル）で、八丁艪。まだ餌のキビナゴを生かす「イケマ（生間）」がなく、餌は大樽に入れておいて、操業を終えるまで長い柄の大きな柄杓で海水をしょっちゅう入れ替えていた。

一九一〇（明治四十三）年ごろ、金吉丸が二十トンの動力船になった。最初は十七・五馬力の石油発動機だったが、三十馬力の吸入ガス発動機、さらに四十馬力のエンジンへと変わっていった。一九一二（大正元）年には朝日丸と金吉丸が合併し、新生の金吉丸が生まれた。漁納丸生産組合は経営不振で一九二九（昭和四）年に廃業して、

金吉丸だけになった。

## 昭和十九年ごろ大漁

一九二一（大正十）年ごろが、カツオ漁業の最盛期であった。金吉丸カツオ生産組合は、四十馬力の吸入ガスエンジンを搭載した二十トン型漁船を導入した。一九二七（昭和二）年からは新造船ミイブネ（一号船）と、従来のフルブネ（二号船）の二隻で運営された。さらに「散水器」が設置された。それまで、シュハネ（潮はね）といわれる節のある短い竹筒を半分割りしたものを細い竹の先に取り付けたものを使っていたが、労力が軽減された上に効果的な漁獲ができるようになった。そのころが金吉丸の最高豊漁期で、配当金が当時の金で千二百円にもなったころだった。一九四四（昭和十九）年ごろ二千尾以上の水揚げがあり、カツオ節の製造が間に合わないほど。ボーナスとして大判三尾を集落各戸に配給するほどの大豊漁だった。

そんな矢先の同年十月に、金吉丸は瀬戸内町古仁屋にあった海軍に徴用されて一時操業中止になった。徴用の任務は兵員の輸送や弾薬、食糧の運搬であったが、一九四五（昭和二十）年三月十日、軍の命令で空襲に備えて避難するよう命令され、瀬戸内町小名瀬の裏に避難しようとしたとき、須手（地名）の沖で米軍飛行機の襲撃を受けた。船員は慌てて須手海岸に船をつけて乗組員はソテツ畑に避難した。幸い船に損害は少なくてすんだ。

終戦後いち早く操業を再開したが、日本本土から分離されたため、カツオ節の販路が閉ざされ、捕れたカツオはほとんど生食用として販売された。その後カツオ節の販路が沖縄向けに開けるようになった。金吉丸も一九五八（昭和三十三）年七月には、百四十馬力のディーゼルエンジンの最新鋭船（その七年後に無線機導入）に変わった。この年、法人組織になって金吉丸カツオ漁業生産組合となった。操業は二月初めから始まり、切り上げは十一月だった。

この間、小屋ニンテ（管理・会計・製造加工グループ）、船ニンテ（漁獲グループ）、大敷網ニンテ（エサ取りグループ）の三グループに分かれて集落ぐるみで働いた。それぞれ自主自立と相互扶助の運営方針を貫いた。大敷網ニンテは大島海峡や焼内湾で、キビナゴを漁獲していた。

小屋ニンテは、文字通りカツオ節を中心に製造する。カツオの解体→煮込み→骨抜き→整形作業→乾燥→節削り→日干し→カビ付けと、六十日も続く作業だ。出来上がった製品は一九三六（昭和十一）年ごろから東京の卸問屋に出荷された。

宇検集落の金吉丸＝『宇検部落郷土誌』から

主婦たちはカツオの内臓、すなわち〝腹わた〟などの不用な部分を念入りに水洗いし、これを細かく刻み、一升の〝腹わた〟に、塩三合の割で入れ、よくかき混ぜて塩辛にして、常備食とした。生勝集落民は戦後間もなく板付け舟に薪を積み、宇検集落のカツオ製造工場に持って行き、カツオの頭

カツオの解体作業中の宇検集落民＝『宇検部落郷土誌』から

などと物々交換し、貴重なタンパク源としていた。

カツオ製造後の頭や骨は当初、海中に投棄していたが、骨粉が肥料として利用されるようになってからは、製造場でも頭や骨を煮釜でゆで、コンクリートの上で日乾し、これを砕いて骨粉を作り、販売し、組合員にも配布した。

カツオ漁の漁場は、奄美大島周辺や遠くトカラ列島の最南端・横当島近くの曽根だった。カツオの大群に遭遇したときは、船が停止する前、散水機の放水が始まらないうちに、船のどこでもよく釣れた。しかし、カツオは餌を追って先へ先へと進むので、うっかりするとほかの船に横取りされる恐れもあり、魚群を発見した船の人々は皆緊張して数十分間の釣り作業に全力で取り組んだ。

宇検集落で初めてカツオ漁業を操業した一人の川渕参のひ孫で、宇検村文化財保護審議会会長の川渕哲二さん（一九四七年生）は高校生時代に金吉丸に体験乗船した。その体験記を南海日日新聞の随筆「つむぎ随筆」に書いている。それは以下のようなものである。

カツオを狙うウシュドリ（オオミズナギドリ）が現れた。同時に歓声が上がった。船が曽根を旋回して餌をまいたり、疑似餌となる散水をしたりする作業が勇ましい。操業を終え、宇検集落が見える枝手久島赤崎岬の松並木をバックに大漁旗をなびかせて「金吉丸、ただいま入港。本日も大漁。集落の各戸にダイバン（約八キロ）三尾ずつ配布します。海岸に下りてください」と拡声器から景気のいい声が演歌をバックに響いた。その曽根は、奄美大島と横当島の中間付近にある「きゅうしき曽根」で、宇検集落から六時間ほどかかる曽根だった。

大漁の時は大漁旗をなびかせ意気揚々と寄港する。その旗は、「おもて旗一本」は、小ばん五百尾以上、大ばん百五十尾以上。「とも旗とおもて旗」二枚の場合は、小ばん千尾以上、大ばん三百尾以上。「まん旗におもて旗、とも旗」の三枚の場合は、小ばん二千尾以上、大ばん五百尾以上、と決まっていた。

宇検集落は、金吉丸のお陰で他集落からは比較的〝裕福〟そうにみえたが、どの家も辛抱して教育費をせっせと貯蓄していた。おかげで旧制大島中学（現大島高校）へ進学する子も多く、教職や弁護士、公務員、政治家、詩人、実業家など有能な人材を多数輩出している。

しかし、東京オリンピック以降の若者の人口流出、従業員の高齢化などで人材不足となり、金吉丸は維持が困難になった。ついに一九六八（昭和四十三）年、六十七年間もシマの経済を支え続けた金吉丸組合も解散した（その後、金吉丸は親方船として二年間宇検で操業したが、一九七〇年に操業を終了した）。宇検村で最後のカツオ漁船だった。

## カツオ漁業の祝いと祭り

カツオ漁業は「板子一枚、下は地獄」といわれるように、荒れ狂う海上での闘いである。金吉丸は、幸い遭難事故には遭わなかったが、乗組員はもとより、家族たちが一番に願うことは漁の安全である。それは、金吉丸に何らかのつながりがある集落民全員の願いでもあった。それだけに数々のカツオにまつわる民俗行事は、文字通り集落民全員の祭りともなった。

旧正月二日祝い　早朝に船頭の家で餅を搗き、乗組員たちが集まり、三献をして新年宴会をした。海上安全と豊漁を祈る無礼講である。

十日祝い　旧暦毎月十日に海上安全と豊漁を祈り、金毘羅様を祀っている納屋（製造所）に組合員とその家族やお婆さんたちが集まり、ご馳走を詰めた重箱を開き、航海安全と豊漁を祈る。そして重箱のお餅やご馳走を神様に供えた。

船霊様祭り　年が明けて出漁準備が整ったとき、大安吉日を選び、本船は乗組員を乗せ、旧名瀬港造船所の塩浜沖まで航海した。停船して大漁旗を飾り、造船所の頭領を迎えて一緒に海上安全と大漁を祈願した。その日、船霊様にお米やお神酒、塩、お賽銭などを供える。旧名瀬市在住の郷友会員も参加した。

乗り出し祝い　本船の乗組員と大敷網ニンテが本船に乗り込んで、その後、湯湾岳に登山、ウブンの神様？にお参りして海上安全と豊漁を祈願した。また集落ではノロ神様や高千穂神社、アシャゲ、厳島神社、納屋の下り口にお神酒やお米、お賽銭、塩、コンブ、紅白の寄進旗などを奉納して祈願した。

初漁祝い　初漁祝いは感謝の祝いとも解釈された。お世話になった各家庭にカツオ小判を一尾ずつ配った。組合員はその晩、家でカツオの吸い物やサシミで盛大な漁祭りをした。カツオは神社やアシャゲにも供えた。小島の神様には寄港後昼夜の区別なく、ブリッジの左舷で炊事係がカツオの頭を船首に向け、腹を小島の神様の方に向けて拝み、海上安全と大漁の感謝をささげた。

万祝い　昔は釣り上げたカツオの数が一万尾になると一万祝いといって「万祝い」をしていた。二万祝い、三万祝いまでしたらしいが、昭和初期の不漁続きの〝恐怖時代〟から、この行事はなくなった。「万祝い」は集落民全員で祝う盛大なものだった。乗組員たちは頭に茜ハチマキをきりりと締めて湾内を三回旋回した後、本船は浜辺に着岸し水をまき散らしながら、海の勇者たちの勇壮な模擬釣りが始まる。そして「茜餅」がまかれた。

さらに納屋で祝宴。蒸篭にそれぞれ一人分ずつ山盛りにされたそうめんと豚肉が配られた。三百斤（百八十キロ）以上の豚がつぶされ、用意された。

切り上げ祝い

十一月ごろになると北風が吹き出し、エサも捕れなくなるのでカツオ漁は切り上げる。各神社に立てた「願ほどき」もし、一年間の無事息災と大漁をもたらしてくれた感謝をし、集落民全員で祝った。

（主な参考文献）
奄美群島水産振興会編『奄美漁業誌』斯文堂、二〇〇二年
宇検村誌編纂委員会編『宇検村誌』宇検村、二〇一七年
若林良和「鹿児島県奄美大島南部におけるカツオの産業と文化」愛媛大学社会共創学部紀要、二〇二二年
瀬戸内町誌編纂委員会編『瀬戸内町誌』二〇〇七年
出村卓三「瀬戸内町の鰹漁業史」『南日本文化　第八号』別冊、一九七五年
西古見慰霊碑建立実行委員会『西古見集落誌』奄美共同印刷、一九九四年
向實盛『ふるさと屋鈍の譜』にらい社、一九八五年
山畑直三『集落郷土誌資料　宇検村阿室』広報社、一九九二年
宇検部落郷土誌編纂委員会編『宇検部落郷土誌』一九九六年
川渕哲二「シマのカツオ漁業②」南海日日新聞「つむぎ随想」二〇二二年

## 7　宇検村生勝のカツオ漁船の終末を探る

私は『鹿児島民俗一六三号』（二〇二三年）で「宇検村のカツオ漁盛衰記」を書いた。明治、大正時代の宇検村（当時は焼内村）のうち、焼内湾奥の湯湾、石良、須古、部連の四集落以外の十集落にカツオ漁船がいたという。宇検村の集落は三方に深い山が迫り、奄美大島でも最も貧しい村だったから湾に開けた海に生活の活路を見いだそうとする「カツオ漁ブーム」が起こるのも当然だった。

一九〇一（明治三十四）年、旧焼内村西古見集落（瀬戸内町）を拠点に鹿児島県佐多村（現南大隅町）の伊勢太郎丸が、近くの曽津高崎沖でカツオの大漁を続けた。北へ山一つ越えた屋鈍集落でもカツオ漁を一日三往復もするほど大漁が続き、宇検村ではカツオ漁の一大ブームが引き起こされた。一九〇四（明治三十七）年には、村内のカツオ漁船は百三十八隻にも達した（『宇検村誌』）。

私の生まれ在所の生勝ではどうだったか。これまでに古老から話を聞いたことがない。どうしてだろうか。私は資料を漁ったが、『宇検村誌』には各集落のカツオ漁の期間を示した「表」がある。これによると、屋鈍集落と同じころから一九二一（大正十）年ごろまで、生勝の船も操業したようだ。だが、どんな船で通算何隻いたのかは全く不明だ。ただ、『奄美漁業誌』に掲載されている大正四年度の「大島郡水産業関係一覧」に、「生勝生産組合　明治四四年九月許可、組合員三十人、出資口三十、一口出資金五円」とある。当時の一円を現在の金額に換算すると十万円余だ。この一隻の船名もまだ分からない。

奄美の地域紙「南海日日新聞」2023年4月24日付で報道された「明治、大正時代　宇検村生勝のカツオ漁業を探る会」

そこで、鹿児島県立図書館を通じて、県立奄美図書館が所蔵しているという

『焼内ぬ親がなし』を取り寄せてみた。この本は、宇検村の各集落代表が編集委員になって各集落の生活誌をまとめた一九七八（昭和五十三）年発行のもの。生勝の部には、稲栄則さんが担当した「生勝の漁業」という半ページの記述があった。

それによると、明治四十年頃までは、わずか五トン程度の手漕ぎの帆船で十人ぐらいの乗組員が近海漁をしていた。当時の漁船名は「栄よし丸」「たから丸」「福漁丸」だった。乗組員は十人程度だった。手漕ぎの帆船は、無甲板で餌のキビナゴを生かして置く「イケマ」がなく、キビナゴを大きな樽に入れて漁場まで運んでおり、非効率的だった。

明治末期から大正十年ごろには、薪を焚いた蒸気機関を搭載した船（中古？）で操業するようになった。蒸気機関と言っても木炭の燃料ガスを動力とする方式だった。当時生勝集落で活躍した船名は、記録によると「漁宝丸　明治四十三年」とある。カツオ節は商品価値が高く、保存に優れ、長距離輸送も可能だった。生勝の生産組合の実績は不明だが、『焼内村誌』によると、村内のカツオ節製造額は三十万円余で村外全移出額の七四パーセントを占め、当時は一大産業だった。

さらに『焼内ぬ親がなし』によると、「かみよし丸　大正七年ごろ」「なにわ丸　同八年ごろ」「漁得丸　同十年ごろ」とも書いている。大正中期までは生勝もカツオ漁でにぎわったことがよくわかる。焼内湾にはキビナゴが豊富に捕れたのが幸いした。

その繁栄ぶりはどのようなものだったか、私の長年の課題だった。ところが二〇二三年二月になって、生勝出身で奄美市平松町在住の安池美智子さん（八十四歳）が、「自宅の書類を整理したら、こんな古文書が見つかった」と、その原本を届けてくれた。

これは、瀬戸内町古仁屋の蘇嘉太郎さんからの「債権幷ニ抵当権譲渡通知書」（大正十四年。月日は判読できず）と、抵当権を譲渡された古仁屋の蘇清蔵さんが、債務者への債権者が替わったという「通告」（昭和五年八月十五日付）、さらに債務者二十四人の名前と抵当物件一覧が一人一人詳細に記入された、古仁屋郵便局の内容証明書付の書類だ。負債額は千六百円。何の負債額かは書いていないが、債務者の名簿から、カツオ漁船の出資者だったことがわかる。

この名簿をみると、私の義祖父・名越虎吉の名前も出ているだけでなく、名越姓の親戚や記憶に残る人もいるではないか。出資者の一人（会計責任者）の不正が発覚して再建の目途が立たず、カツオ業も廃業に追い込まれたらしい。不正額も不明だ。それで負債が生じて船は没収されて負債額六千円（当時）が生じ、カツオ漁船出資者の宅地を含む全財産が抵当に入ったらしい。その頃の尋常小学校正教員の初任給が男子七十二円、女子五十円の時代だ。一人当たりの債務額は六十六円と利息だ。サツマイモ以外に食べ物が少なく生活するのに精いっぱいで、他に現金収入のない集落にとって、この債務額は、想像以上に重かったことだろう。

龍宝丸（？）の債務者名簿

私の義祖父・名越虎吉の場合、宅地二筆を含め、全財産の十三筆の田畑全てが抵当に入っていた。しかし、抵当に入った土地は畑一反四畝が最高面積で、田んぼ三畝など文字通り「猫の額」ほどの狭い土地で、抵当に取られても大した金額ではなかった。それでも宅地まで抵当に入ったことで、当時のシマ（集落）は大騒動だったはずだ。

しかし、この横領事件が警察沙汰になった様子もなく、皆事件に口をつぐみ、後世に伝わっていない。その子供たちが、せっせと負債額を払ったようだ。債権者も債権の抵当物件を執行すると、一つのシマがなくなる恐れもあり、世間から厳しい批判が起きるかもしれない。しかたなく、辛抱強く支払うのを待ったようだ。

義祖父の名越は大正十二年にすでに死亡しており、大正六年生まれの父・名越尚茂が債務を一手に引き受けたことになっている。しかし父も、債務があったことは私に一言も話していない。ただ高等小学校を卒業後、病身の母ウマボウの面倒をみながら、大和村今里に毎日山道を通って大島紬の締め機《ばた》の技術を習得し、負債額を返却したらしい。私には負債を抱えて苦労した話は一切しなかった。父の死後、生勝の財産は私が相続したが、父の土地は逆に十八筆に増えている。

私は債務に関連がある生勝出身の長老九人に二〇二二年四月二十二日に奄美市民交流センターに集まってもらい「生勝のカツオ漁業の実態を探る会」を開き、債務名簿を基に、伝聞や記憶と郷土資料などと照合した。その結果、カツオ漁船名を「漁宝丸」と比定して検討した。

その中で宇検村湯湾に嫁いだ山野弘子さん（八十四歳）が、「当時流行った、〃なんてマンがいいんでしょう〃という歌の生勝のカツオ漁船の替え歌があった」と言って電話で歌ってくれた。また山野さんの妹で奄美市在住の鈴木るり子さん（七十一歳）もその資料（『焼内ぬ親がなし』）を示してくれた。それは、

〽船はりゅうほう（漁宝丸？）
船頭は坊太郎
中で火を焚く　栄太郎　三太郎
なんて　マンがいいんでしょう

という替え歌で、昭和初期まで子供たちに歌われていたという。船名の「りゅう」は「龍」ではないか、と疑問が湧いた。そうすると、記録に残る比定した「漁宝丸」とは別に「龍宝丸」という船がいたのではと思われる。さらに「龍宝丸」に歌われた人名で「坊太郎」や「栄太郎」「三太郎」という名前が債務者やその子たちにいる。さらに「火を焚く」ということから蒸気で動く船であることが分かる。このことから船名は「龍宝丸」と予想した。

また山野さんの母は「小学校を卒業して就職が紡績会社に決まり、会社からその支度金が二百円送られてきた。祖父はそのうち百円を借金返済に充てた」といつも話していたという。ほとんどの債務者は、子供を紡績などに就職させ、その仕送り金で借財を払い終えたようだ。また生元高男さん（八十七歳）は、父・栄益さんが七歳のころ、「祖父の生清松さんが瀬戸内町の西古見の浜で〃タデ〃（龍宝丸に付いたカキ類などを、藁などを燃料にして焼き落とす作業）中に船が突然バックしたので、後ろにいた生清松さんは船にひかれ、圧迫死したらしい」と不幸な出来事も語ってくれた。

なぜ、シマを巻き込んだ不正事件が警察沙汰にならず、全集落民

は問題視しなかったのだろうか。生元さんは「シマの恥は、公にしない不文律があったので、皆口をつぐんだのだろう」とみている。シマには「集落共同体意識」や「結いの精神」が根強くある。その「精神」から皆不正にも目をつむり、借財を抱えたのだろう。

この集会が奄美の地域紙「南海日日新聞」の目に留まり、記者が取材した。蒸気船のカツオ漁船というのに関心をもったのだろう。四月二十四日付の同紙一面トップで「古文書からカツオ漁業探る　民俗学会の名越護さん主宰　宇検村生勝」と写真二枚つきで報道し、私本人がびっくりした。安池さんは「名簿が十年早く見つかっていたら、親から情報を入手できたのに」と残念がっていた。

龍宝丸はなぜ生勝から消えたのだろうか——。平等出資、平等就労、平等分配だったため、責任意識が希薄で、さらに利益が再投資に回らず、資本の蓄積が進まないから地場小資本の域を脱することができず、結局は「集落共同体」の無責任ぶりで廃業に追い込まれたようだ。さらに焼内湾の餌になるキビナゴも乱獲がたたって少なくなり、再興も難しくなっていたようだ。それに「シマの恥」は語らないとして記録に残さなかったことから、生勝集落にカツオ漁業があったことも永遠に忘れ去られるところであった。「記録に残すことの大切さ」を痛感したことである。

（参考文献）
宇検村誌編纂委員会『宇検村誌』宇検村、二〇一七年
琉球農林省大島支部水産課編『奄美大島水産業沿革史』奄美文明社、一九五一年
宇検村役場『焼内村誌』鹿児島新聞社、一九一六年
宇検村役場『焼内ぬ親がなし』宇検村編集員会、一九七九年

## 8　宇検村の満州開拓民

### 入植者の約半分が死亡

一九三二（昭和七）年に日本の傀儡《かいらい》（旧日本軍部に操られた）、満州国（現在の中国東北遼寧省、吉林《きつりん》省、黒龍江省三省と内蒙古、熱河省の地域）が建国された。関東軍と拓務省（当時）は日本から満州への「二十世紀百万戸送出計画」を立て、「王道楽土」「拓《ひら》け満蒙！　行け満州」をスローガンに、約二十七万人の満蒙開拓団を全国各地から送り出した。しかし、終戦間際になって働き手の成人男子約四万七千人が現地応召され、開拓団には多くの老人と子供女子だけが残された。その上、安全を守るべき関東軍は、一九四五（昭和二十）年八月九日、ソ連軍が侵攻すると開拓民を置き去りにして逃亡した。

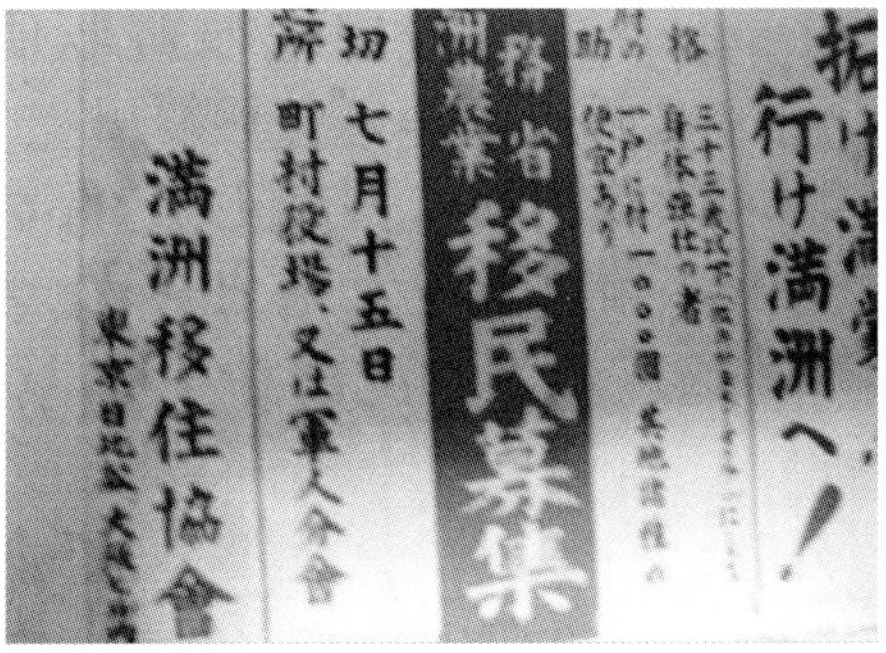

満州開拓団の募集ポスター

敗戦でソ連軍の一部が開拓民宅を襲い、時計や万年筆など金目の物を略奪しただけでなく、成人女子とみると暴行した。その難を逃れるため、女性は丸刈りにして男装し難儀を重ね、辛うじて帰国した。帰国の途中でチフスなどの伝染病に罹り、死亡した人も多かった。満蒙開拓民は戦争の一番の被害者だったと言ってよかろう。さて宇検村の満州開拓団はどうだったのか——。

一九三八（昭和十三）年に当時の宇検村長・大林米太郎は、自ら満州開拓地を視察した上で村内の千五百戸のうち、四百五十戸を満州に分村する計画を立て、一九四二（昭和十七）年に先遣隊、第一次本隊、第二次本隊と三回に分けて新たな開拓地に送り出している。これが吉林省敦化《とんか》市に設置された第十一次敦化宇検開拓団である。敦化開拓団は、敦化市街地の南端を流れる牡丹江の対岸に位置した。敦化市は吉林省の県庁所在地だった。開拓団は同市の揚木林子《やんむりんす》村に中央本部を置いた。宇検村の団は中央屯（奄美郷）、南屯（山田郷）、吉祥屯（吉祥郷）、安楽屯（隼人郷）の四つの集落からなった。開拓初年度の一九四二（昭和十七）年は、四世帯を一組として編成され、各組に耕地三町五反（三・四七ヘクタール）が割り当てられた。宇検村の団員たちは、内地の貧農の象徴である〝五反百姓〟を下まわる状況であった。それに比べれば、冬の零下二十度の寒さにも耐えられるほどの豊かな広い耕地だった。

　さらに、耕運機や中耕機などの農機具も満州拓殖公社から与えられた。米や大豆、トウモロコシ、馬鈴薯など収穫した農作物は、敦化街にあった興農合作社に出荷された。しかし、価格は一トンに対し十円（当時）にも満たない。あまりの安さに開拓民をがっくりさせた。これは、「満蒙開拓民は自活できる程度の所得に抑え、収穫物は軍の食料として、あるいは本土の国民に安く提供する、という政府の意図」（『宇検村誌』）によるものだったようだ。開拓民は、配給を受けている食料・米・大豆などに対しても公定価格で計算され、何年か後に返済すべき借財であると知った。一方、大量に出荷しても金儲けにならないことを思い知らされた。

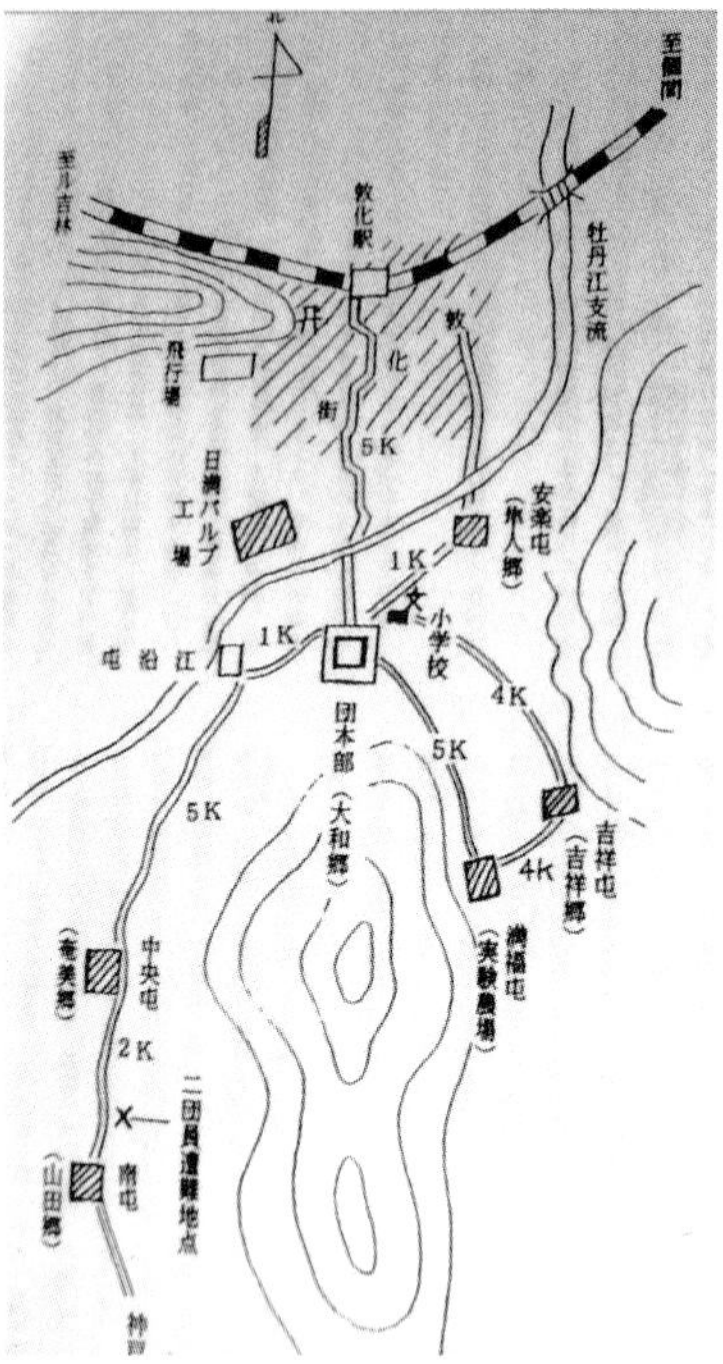

宇検開拓団員が入植した旧満洲吉林省敦化県の南黄泥村揚木林子の略図（『満州開拓団の記録と資料』から

　開拓団の三大使命の一つ「北辺鎮護」のため、団本部には三十数丁の歩兵銃、五連発の銃と弾薬が密かに保管されていたが、肝心の団員の大半が途中、応召されるとあっては、戦局の将来に不安の念が生じた。生産の主力になる男性を失い、開拓団は困惑した。その上、応召されたうち、二十三人は遂に帰れなかった。うれしいニュースは、生勝集落出身の竹義忠さんが海軍に応召されたが、数カ月後に団に帰還したことだった。また部連集落出身の栄弘利さんが、蹄鉄工の養成を終えて、技能競技で何十人もの中から第二位の優秀賞を受け、馬蹄工場を開設したことだ。

　終戦になると、北方からソ連軍が侵攻して恐怖だった。満州人も人が変わったように、匪賊《ひぞく》として開拓民に襲い掛かることがあった。暴動に遭った山田郷の部連出身の榮沢秀さんと榮川虎有さんの二人がソ連軍の魔手に遭った。そのころ、日本人の卒塔婆があちこちに林立していた。団員の大林徹さんは、生勝出身の禧久常則さんを、満州人集落の屯長に住まわせて情報収集させていた。禧久常則さんは、そこで襲撃暴徒と交渉した。二人の遺体の場所を教えてもらう代わり、持っていた銃を引き渡す、という相手側の条件を伝えた。

遺体は「襲撃した南屯の西側の畑に放置している」というので、現場に急行した。二人は縛られて無残な姿。一人は撲殺され、一人は銃殺されていた。死後一週間も経っていた。一帯に悪臭が漂い、死体の腐乱が酷いので、小川の岸辺に埋葬した。その晩、団の貴重な銃を襲撃者に引き渡した。団は丸裸になって大変不安だったが、仕方なかった。

もう帰国するしか道はない。小雪がちらつく一九四五(昭和二十)年十一月二日夜半、開拓民二百余人は点呼の後、本部集落を後にする。目指すは敦化《とんか》市街。街と団とは牡丹江を境とし、川向かいは敦化市街である。川幅は広く、通常は四人乗りの舟で渡るが、それでは夜が明ける。幸い王子製紙の川をせき止める貯木場があった。全員が百メートルの川幅を渡って興農合作社に辿り着いたのは夜明け前だった。

幸い十一月四日に南下する汽車があり、全員乗車した。それは無蓋車(覆いのない列車)だった。それでも乗れるだけで幸運だ。ところが突然、ソ連兵が貨車に乗り込み、団員の荷物を放り投げはじめた。ソ連兵が前にいた団員を押しのけた。団員が「やられた!」と悲鳴を上げた。見ると、きらりと光る物があった。短刀のようなものだった。震える団員の荷物を次々放り投げる。下では満州人がこれらを持って逃げる。ソ連兵と満人の連携プレーだったのだ。

ようやく吉林に着いた。幸運にも普通の列車で新京、奉天に向かう列車に乗ることができた。一旦停車すると、案の定、ソ連兵と満洲人の略奪組が扉を開けようとする。団員は数人がかりで必至に扉にしがみつき、彼らの侵入を防いだ。十一月九日に奉天に着いたが、皆は餓死寸前、病に伏す人も増えた。元関東軍の衣類調達所で着る物を調達できた。しかし一九四六(昭和二十一)年一月三日になって阿室出身の川内森義さんが、発疹チフスで死亡したのをはじめ、次々と病魔に侵されていく。一日に四人を火葬することもあった。火葬灰を缶に詰めて祖国に持ち帰った。すでに団員の四分の一が、この地で亡くなっていた。

五月二十七日、目的のロコ島へ、いよいよ祖国に帰れる日が近い。今度も貨車だったが希望に満ちた旅立ちだ。五月三十一日、待ちに待った乗船の日。幸い輸送船は日本人だけだった。途中他の団員が、船内で亡くなって水葬する悲しい姿も目撃した。六月七日に舞鶴港に上陸、それから汽車で鹿児島へ。さらに目的の古仁屋が近づくと「おい見よ、大島にはまだ蘇鉄があるぞ!」と一人が叫んだ。最低でもソテツ粥が食べられるからだ。団員の手記によると、終戦当時の宇検開拓団員は「在籍者三百二十四人、応召二十五人、死亡者百二十七人、未帰還者百六十二人」だった。これとは別に青少年満蒙義勇軍は、奄美大島全体で百六十六人だったが、そのうち宇検村からは三十四人が参加している。

生勝集落の満州開拓団員は六戸十九人だった。団本部集落で生活していた竹義忠・タミチヨさん夫妻は無事帰還した。竹さんは一九三九(昭和十四)年に現地で応召されたが、無事に帰村できた。また名越義久さんは一人で満州移民団に入ったが、その後は「不詳」。同集落に配置された名越茂久・ミヤ子夫妻と弟の米富さんの三人は帰還したが、父栄富さんは帰還途中の奉天で亡くなった。南屯集落の脇田栄益さんは応召された。母(名前不明)は終戦前に団で死亡している。安楽屯集落にいた森清幹・ヤスさん夫妻と長男利昭さんの一家五人のうち、四人が不幸にも帰還途中の奉天で死亡し、二男の忠明さん一人だけが生勝に帰還できた。安楽集落の禧久常則さんは帰還、川内武義さん一家四人の内、二男の建夫さんだけが奉天で死亡し、三人だけで帰国した。生勝集落の団員七家族（資料では六戸、十九人となっているが、団員名簿では七家族となっており、これを採用した）十九人の内五人が死亡して故郷の土を踏めなかった。

一九四七（昭和二十二）年、生勝生まれで、奄美市在住の竹さんの長女林（旧姓竹）いさ子さんは「父は一度も満洲開拓の話をしたことはなかった」という。辛苦な話は忘れたかったのだろう。

（参考資料）

宇検村誌編纂委員会『宇検村誌』宇検村、二〇一七年

元田永眞『宇検村誌編纂資料1　満洲開拓団の記録と資料』宇検村教育委員会、二〇〇二年

## 9　学童疎開船・対馬丸事件

第二次世界大戦の敗戦が濃厚になった一九四四（昭和十九）年八月二十八日早朝、宇検村久志小中学校校区の宇検集落は、対馬丸遭難者の救助作業で時ならぬ緊張感に包まれた。この事件は古仁屋の要塞司令部から厳しいかん口令が集落民に出され、同じ校区の生勝住民に当初、知らされていなかった。そこで『宇検部落郷土誌』を参考に、その全容を書いてみた。

大和村今里へ通じる大都道《おおど》から、日に焼け焦げた顔の皮がめくれ、目は憔悴《しょうすい》しきって光のない傷だらけの男二人が、よろよろと下りてきて助けを求めた。語るところによると、沖縄から本土への学童疎開船・対馬丸が八月二十二日午後十時ごろ、米潜水艦の発射した魚雷を受けて沈没、海へ投げ出された。一週間ほど漂流してやっと昨日夕、島の海岸へ流れついた。けわしい山道を這い上って野宿。なんとかして人里を見つけたいと下りたところ、宇検集落を発見した。一人の男の妻は、動けなくて浜に残したまま。「救助してほしい。他にも漂着している仲間がいるかも知れない」と、気息えんえんの訴えだった。二人の男は兵隊と教師だった。集落民は二人を養蚕飼育所に保護し、食事を与えた。

東シナ海に面したオモジリ海岸やカムイデ海岸に漂着したものと推定し、集落の消防団員や青年団員らは直ちに水陸両方から捜索開始した。漁船・金吉丸は出漁のため枝手久島のシイヒレ浜沖を航行中だったが、救命胴衣や筏などの浮遊物が海面に漂っており、不吉な予感がして宇検に引き返した。そして伝馬船を曳いて救助活動を懸命に行った。船越（フノシ）海岸から今里の間に漂着していた八人を青年団や消防団、金吉丸乗組員らが救助した。

米軍の魚雷で沈没した学童疎開船の対馬丸＝『宇検村誌』から

一方、同じ時間帯に枝手久島のター浜へ二期作の田植えに板付け舟を漕いでいた要清平さんら一行は、付近の浮遊物を見て、舟をイキンマ浜へ急行、丘の上から船越海岸を見渡すと、波打ち際に横たわっている人影を発見。死の一歩手前の中学生を救助し、要さん宅で介護したあと

養蚕飼育所へ移した。その後、金吉丸関係者からの聞き取り調査では、船越海岸のタッスイ（立神）で三人、さんしん洞窟《がま》の前で一人が救助されていた。当時、久志診療所長として遭難者の治療にあたった碇元章世さんによると、宇検養蚕所に十人、久志集会所に十一人を収容したという。大和村でも四人が救助されたらしい。

一九九五（平成七）年に宇検集落出身で鹿児島市在住の政《つかさ》行利さんは、船越海岸の波うち際に漂着した十四、五歳の少年の消息が知りたくて、沖縄の琉球新報に尋ね人を探してほしい、と要請した。たまたま文化部デスクをしていた生勝出身の中村喬次記者が協力して、同新報の三月十五日付で「助けた少年どこに　対馬丸遭難」という記事にした。これがきっかけで、沖縄市泡瀬の当真秀夫さんが「あの時の少年は私です」と名乗り出て、二人は対面を果たした。

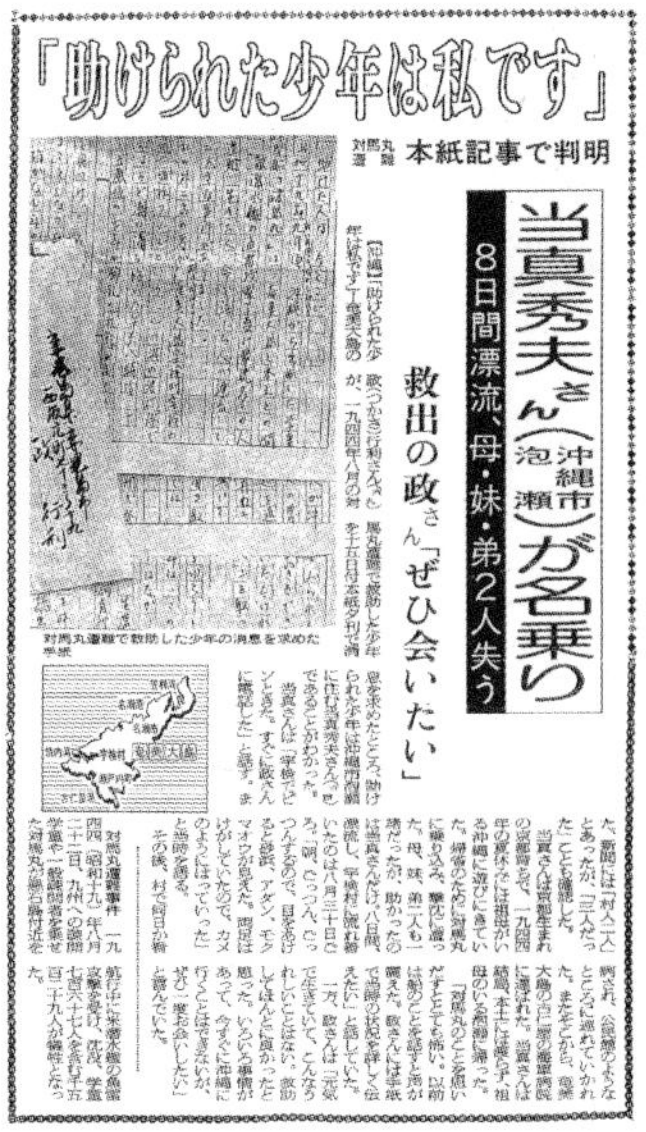
「助けられた少年は私です」
対馬丸遭難　本紙記事で判明
当真秀夫さん（沖縄市泡瀬）が名乗り
8日間漂流、母・妹・弟2人失う
救出の政さん「ぜひ会いたい」

「助けられた少年は私です」と名乗り出た当真秀夫さんを報じる1995年3月17日付琉球新報の記事

遭難者らは筏《いかだ》につかまって漂流したものと思われるが、日中の灼熱の太陽に照らされ、夜間の低温に体力が消耗し、次々と筏から脱落したのだろう。数日後の船越海岸には、腐乱し、サメに食いちぎられた遺体など五十体以上が流されてきた。遺体の収容と埋葬には、宇検住民が当たった。腐乱臭が強く、あまりにもむごたらしい状態であったため、焼酎を飲んで感覚をマヒさせての作業だった。当時、遺体埋葬作業にあたった大島安徳さんは「まさに肉の海、二度と思い出したくない光景」と語り、「（軍の命令・監視をくぐって）せめて遺体の名札をとっておくことはできなかったか、書き残しておくことはできなかったか」と悔やんでいる。最終的に船越海岸や枝手久島に百五体の遺体が引き揚げられた。

軍のかん口令の中で、同じ校区の生勝や久志でも、遺体処理に一軒につき一人が駆り出された。奄美市名瀬小宿在住の鈴木るり子さん（七十一歳）の話によると、るり子さんの父親は病気に伏し、母が出産予定だったので、るり子さんの叔父が駆り出された。遺体処理に当たった人の話によると、悪臭が立ち込め、とても見ていられないほど〝すさまじかった〟という。血の気もなく、白い遺体はパンパンに腫れ、衣服は、はちきれそうだった。生勝と久志の間に「長崎」という少し突き出た所があり、そこにも二体が流れてきた。遺体は長崎のアダンの下の白砂に埋めた。屋鈍集落では、沖から〝音をたてるように〟大量に流れてきた。新しい遺体は臭いも少なく屋鈍側の外浜に埋めたらしい。

一九五〇（昭和二十五）年に沖縄から遺族が訪れ、埋められた遺体を引き取った。しかし、遺体を見つけられなかった遺族は、泣きながら「せめてこの砂だけでも」と、海岸の砂を遺骨がわりに持ち帰った。

対馬丸の学童遭難の事実は、年と共に薄れつつあったが、戦後七十年の二〇一五（平成二十七）年一月、宇検集落から平和のシンボルとしての「対馬丸慰霊碑」建立の要望書が、元山信有村長に出された。沖縄でも「奄美で犠牲者に手を合わせる場所がほしい」という遺族の声があがっていた。当初、村当局は慰霊碑建立経費千五十万円を議会に提案したが、議長を除く七人の議員のうち四人が反対する状況だった。宇検集落は再度、村長と村議会宛に要望書を提出。紆余曲折を経て、経費を四百四十万円減額の六百十万円として建立が決まった。

約50人以上の遺体が上がった船越海岸の高台に立つ対馬丸慰霊碑

慰霊碑は船越海岸を見下ろす台地に建てられ、高さ一・七メートル、幅一メートル。台座に大島安徳さんが詠んだ「対馬丸　受難のみ魂とこしえに　祭りつたえむ　船越の浜」の歌を刻んでいる。竣工式は二〇一七（平成二十九）年三月十九日、約百三十人が参列した。沖縄県側から浦崎唯昭副知事が出席してしめやかに行われた。また村生涯学習センターでは「奄美大島と対馬丸」企画展も始まった。企画展では対馬丸事件の概要や宇検村で救助された人々の証言を記したパネルに加え、事件の生還者の一人上原清さんの描く水彩画十一点も展示された。

※対馬丸事件とは

一九四四（昭和十九）年八月二十二日、九州への疎開学童や一般疎開者を乗せた対馬丸がトカラ列島悪石島付近を航行中に米潜水艦の魚雷攻撃を受けて沈没。学童七百六十七人を含む千五百二十九人が犠牲になった。

（参考文献）
宇検部落郷土誌編集委員会編『歴史景観の里　宇検部落郷土誌』一九九六年
宇検村誌編纂委員会編『宇検村誌』宇検村、二〇一七年

## 10　二機の特攻機不時着

### 尾羅沖へゼロ戦不時着

一九四五（昭和二十）年五月四日午前九時ごろ、宇検村生勝の尾羅《をら》（字名）に、神風特攻隊の飛行機・通称ゼロ戦が不時着した。私が四歳のころで、戸板に載せられた特攻隊員が、当時の松原義一区長宅に運ばれたのを母・千代子と戸口で見た記憶がある。詳細は分からないままだったが、神風特別攻撃隊員（旧海軍一等飛兵曹）吉田敏夫（当時十八歳）の『回顧録』を持っていた生勝出身の山下忠茂さんが、『宇検部落郷土誌』にその一部を載せている。山下さんは鹿児島市在住だったが、すでに他界しており、遺族を探したが判明しないので、『宇検部落郷土誌』に載っている吉田さんの回顧録の一部を転写させてもらう。

昭和二十年五月四日、神風特別攻撃隊、第五神剣隊、大村空零戦十六機は、出撃基地の鹿屋の暁雲をついて出発した。（中略）

各々二機をもって一編隊を構成、編隊離陸である。私は先輩の太田兵曹に追従して基地を発進した。

この日は、前回と異なり脚も完全に作動した。胴下に吊った二五〇キロ（注・爆弾）も、絶対に不発でないという確認を何度もし、ついでのことに念の為針金は除いた。低空で肉追し、

万一やられた時は爆弾をはなして反跳爆撃を行うつもりだった。基地上空を発進して直線コース、攻撃目標は、中城湾（沖縄）に在泊中のアメリカ艦船群だ。さすがに十六機が翼を連ねたさまは雄壮威猛の感があった。

私は操縦桿を握りながら、色々なことを考えていた。天皇陛下の御為に……云々という言葉は、何回となく戦友たちとの会話で交わされて来た。しかし今になって正直な告白をするなら、私の胸のうちにあったのは〝母〟であった。次に〝兄弟〟であった。私は幼いうちに父に死なれている。母は女手一つで兄と私を育てて来た。

「敏夫、お願いだから死なないでおくれ」。予科練へ入隊する時から、幾度母はこの言葉を繰り返したことだったろう。（中略）

「しかし……この世に生を享けて十八年、俺の人生はいったい何んだったのか……？　とにかく、母や兄弟の住む日本というこの国土を護るために、自分と同じ日本人の住むこの国を護るために死のう」それが悠久の大義に生きることになる――そうした想念だけが胸をひたしていた。

編隊は轟音を響かせて、一路南下を続けていた。約四十分程飛行した頃、またしても私に不幸が起こった。エンジンが突如不調になったのだ。ブッスン、ブッスンといやな音がして白煙を吐きはじめた。スピードが落ちはじめた。

「くそっ、ここまで来て、またしても……」。今度こそみなと一緒に任務遂行が出来ると安心しきっていただけに、私のうろたえようはひとかたでなかった。エンジンレバーを懸命に操作してみたが、一向に直りそうにない。それどころか、かえって不調音がはげしくなり、エンスト寸前のような状態になってしまった。

「ワレエンジン不調、洋上ニ不時着ス」私は指揮官に打電した。揚力を極端に失った機は、すでに編隊から自然離脱の形になっていた。高度はぐんぐん下り、一〇〇メートルだ。戦友たちの編隊は高度差一〇〇メートル程の前方上空を見る見る遠のいて行った。

私は爆弾を投下した。機は多少浮力を取り戻したものの、やはりエンジンは白い煙を吐き続けている。はるか右前方に島が見える。

私はその島へ機首を向けた。この時後方洋上で、私の捨てた二五〇キロ爆弾が爆発し水柱が噴き上げた。ほとんど滑空状態で、奄美大島生勝海岸近くに不時着水し、機外に脱出するや島へ向かって泳ぎはじめた。三十分ばかり泳いだ所へ、漁師の伝馬船が救出に漕ぎ寄せて来てくれた。船頭は思いがけなくも女性であった。

船へ上がってふりかえると、愛機は尾翼を海面へつき出して、今まさに没し去ろうとしていた。爆音が響いているので上空を見上げると、グラマンの大編隊が北上して行くのが見えた。その数およそ一二〇機余り。わが攻撃隊は、彼等に見つからずに行くことが出来たのだろうか？　戦友達の身の上がしきりと気遣われた。島に上陸後、敵の空襲が烈しく、佐世保から救出に飛来した水偵と共に、島の古仁屋基地に十日程釘づけされたあと私は佐世保に帰り、陸路大村航空隊へ戻った。そして三度目の出撃の機会がないまま終戦を迎えた。

今にして思えば、乗機の故障は不幸だったのか幸運だったのか見当もつかない。とにかく二度までも捨てた命を拾って三十有余年、おまけの命を生きている。死んだ仲間に〝済まない〟と詫びながら。

生勝集落民に救助された福島県出身の吉田特攻兵は、当時区長をしていた松原義一さん宅に二日ほど世話になり、古仁屋から迎えに来た軍の船で帰って行った。その日、海岸には集落民総出で「同期の桜」を歌って〝浜送り〟したという。

戦後は、機体を解体して、ジュラルミンを使った鍋づくりなど盛んとなり、生勝には〝にわか鍛冶屋さん〟が急増した。鍛冶屋もそのうち材料が切れ、数年でなくなった。

### テン浜に不時着した三人を救助

同じ一九四五（昭和二十）年五月ごろ、焼内湾の平田集落沖で板付け舟に乗って釣りをしていた、生勝集落の名越富昌喜《とみしょき》さんと、生友《いけ》次郎（のち吉田と改名）さんが、湾沖から低空で不時着していた友軍機を発見し、三人を救助した。生勝でこの話を知る人は少なかったが、『宇検部落郷土誌』に詳細が載っていた。富昌喜さんや友次郎さんも私の親戚の先輩である。『宇検部落郷土誌』を参考に記してみた。

友軍機は湾口から低空でサンゴ礁に着水し、中から三人の飛行兵が脱出し、泳いでいたので、三人を引き揚げた。久志で不時着を目撃して急行した救助船が久志へ移送した。その後、三人は久志診療所で治療を受けたが、一人は右肘を複雑骨折し、骨肉ともに血まみれに砕かれており、切断の止むなき状態だった。久志診療所の碇元章世医師の話だと、すぐ手術しなければならない重症だったが、飛行兵はすぐには手術に応ぜず、七輪に火を焚かせて、携行していた「赤い本」一冊を焼却し終えてから、「さあ、どうぞ」と右腕を差し出したという。碇医師は、恐らくあの赤本は暗号文の記載された極秘文書だっただろうと推測している。

右肘から先を切断しても、巻く包帯が無く、飛行兵らが携行していた落下傘の布を消毒して使った、という。三人の飛行兵は久志集落の中原チユウツユさん宅に一晩世話になり、翌日、湯湾駐在所から迎えに来た警察官と一緒に、地元防衛隊員らの漕ぐ板付け舟に乗って湯湾へ向かった。

当時、久志診療所に助手として勤務していた鹿児島市在住の春野（旧姓柳）テツ子さんの話だと、負傷した飛行士の胸に縫い込まれた名札には「桶爪少尉」と記され、りりしく頭に巻いた日の丸のハチマキには「祈武運長久、興フミ」の名があった。年の頃二十五歳ぐらいで、他の二人は二十歳前後だったという。

## 11　奄美の日本復帰　三賢人の人物像――復帰七十年に寄せて

二〇二三年は奄美群島が悲願の日本復帰を果たして七十年の節目に当たる。苦しかった八年間にわたる米軍による異民族支配をはねのけた裏には、群島民に本来の自由を目覚めさせ、それを報道し、自ら断食という無抵抗を貫いた三人三様の指導者の存在を忘れてはならない。彼らは、わずか二カ月足らずで十四歳以上の全郡民の実に九九・八パーセント（十三万九千八百四十九人）の復帰署名請願という、全世界に誇れる素地をつくった。その指導者の人物像を追ってみた。

**反権力を貫いた——中村安太郎**

中村安太郎は、一九〇九（明治四十二）年五月十二日、中村金太郎の五男として旧笠利村平（奄美市笠利町）に生まれた。一九二二（大正十一）年、旧制大島中学校（現大島高校）に入学。入学早々の弁論大会で「ワシントン会議について」と題して演説し、十二歳の若造が国際会議を俎上に大演説をやった、と話題となり、波紋を広げた。

ワシントン会議とは、一九二一（大正十）年十一月から一九二二年二月までワシントンで開催された国際会議で、海軍軍縮制限問題および極東太平洋問題について、第一次世界大戦後の世界列強の極東における勢力関係を調整しようという会議。その中に奄美要塞の制限なども含まれていた。数学の先生から「中学一年の分際で政治問題を論じるとは不届きだ」と授業時間に怒られた。中村は中学に入ると、知識旺盛で賀川豊彦の『死線を越えて』や島田清次郎の『地上』などを耽読《たんどく》しており、教え子の将来を思う先生たちを心配させる言動があったかも知れない。

中村は二年の時、その数学の先生と口論になり学校を飛び出し、帰郷して農業に専念し、読書三昧の生活を送った。その間、鹿児島師範を出たばかりの泉芳朗ら、大正デモクラシーの影響を受けた新進気鋭の青年教師たちと哲学や文学論をかわし、社会思想にめざめていった。「厳訓無処罰」で有名な旧姓大島中学校の竜野定一校長が笠利で地方講習をした際、中村の才覚を認めて復学を許した。一九二九（昭和四）年に早稲田大学第二高等学院文科に入学、二年後に日本共産党に入党。

一九四四（昭和十九）年五月、鹿児島日報社大島支社が「大島版」を出すと、中村は記者として採用された。その後、泉二久夫社主の「奄美タイムス」に移る。さらに旧制大島中学に専攻科ができて、その講師となった。文字通り奄美の最高学府の誕生だ。その法経科の講師に中村は迎えられた。中村の担当科目は社会学概論だったが、次第に社会学の学説や理論を伝えるのではなく、日々の暮らしに直結するような授業に切り替えた。中村は期末試験のリポートに「民主主義について」という課題を与えて、生徒にそれぞれが考える民主主義のありようを語らせた。学校だけではなく旧名瀬市石橋町の自宅にも通う生徒が増え、いつの間にか「中村学校」ができていった。

中村は生徒たちに「世の中は変えられる」「知性的であれ」と訴え、河上肇の『第二貧乏物語』を読んで聞かせた。中村学校で学んだ若い男女たちはその後、復帰運動の行動隊として「復帰請願」の中核として活躍するようになった。中村が復帰運動の思想的指導者と言われる由縁だ。

中村は、一九四七（昭和二十二）年七月、大島中学校専攻科の講師

晩年の中村安太郎（左から二人目）＝『あれから五〇年』から

として共産党の宣伝をしたとして米軍政府から解任された。さらに同年八月十七日に中村は、ぼこた丸に「中村宛の書籍やアカハタがあった」として逮捕された。米軍による裁判で中村は、「新聞社の主筆として書籍類の文化資料の輸入は前任の軍政官が認めた」と主張したが、認められず、中村は重労働一年という重い刑に処せられた。重労働の内容は、海岸の砂浜に打ち上げられた難破船を解体して木材を運び、それを割って薪にする仕事。船体は鉄のように堅く、振り下ろす斧はすぐぼろぼろになった。中村学校の生徒たちは深夜、矢之脇町にあった拘置所前に集まり「中村安太郎を返せ」と叫び、「起《た》て飢えたる者よ」と〝インターナショナル〟を歌い、中村の解放を訴えた。

さらに一九五二（昭和二十七）年三月二日に行われた立法院議員選挙に中村は人民党公認として立候補した。大島北部（奄美大島と喜界島）は定員五人で九人が立候補したが、中村は八十七票の差で落選した。この選挙は百二十二票差の不正投票があり、同年八月二十四日、〝当選最下位〟の平川国高との再選挙となった。同選挙の演説会場は怒号や罵声、ヤジが交錯する騒然たるものであった。そこにビートラー琉球民政府副長官の反共声明「反共を訴える声明文」が各戸に配布され、悪質なデマも乱れ飛ぶありさまであった（中村安太郎著『祖国への道』）。米軍の執拗な選挙妨害にもかかわらず、中村は見事当選した。

**言論の抗米と記者魂――村山家國**

村山家國は、一九一三（大正二）年七月一日、常太郎の長男として大和村津名久《つなぐ》に生まれた。少年時代に弟の行雄と二人で山に行き、弟がハブに咬まれた。村山は弟を背負って必死に走って帰ったが、弟は一命を取りとめることができなかった。村山は弟の死は自分の責任だと終生負い目を抱え、歌集『くれない』にも、

おとうとの　墓に詣ひしが　あなあわれ
青草を吾は　むしりけるのみ

と詠んでいる。

旧制大島中学時代は、中村安太郎らが結成した生徒会で村山は、訛りの強い方言で「最近の生徒は贅沢だ。弁当ちば（は）卵焼き、髪を剃るのにカミソリを使う。靴ちば運動靴、贅沢だ」と言い放った。成績はよく、学業に専念できない環境にあきたらず、東京の巣鴨学園の四年に編入し、早稲田大学で国文を修め、詩歌の創作にも精進した。そして鹿児島新聞（南日本新聞社の前身）記者となった。戦時統制の「一県一紙制度」で発足した鹿児島日報大島版特報記者として活躍した。戦火は日に日に厳しくなり、旧名瀬町も空襲が激化し、市街地のほとんどが焼野原。村山らは支社を転々としながら新聞発行に専念した。

そして終戦。鹿児島日報社も新生南日本新聞社としてスタートしたが、奄美は一九四六（昭和二十一）年二月に本土から切り離されて米軍下におかれ、新聞も奄美に配達できなくなった。そこで金のない村山は、南日本新聞社から版権代わりに黒糖百斤（六十キロ）をかき集め、同年十一月一日に「南海日日新聞」第一号を発行した。南海日日新聞の新発足の辞で、村山は「人民のためのよりよき新聞作りを目指し、民主社会の建設に寄与する」と宣言している。当時

の社員は村山を社主に社員十二人。当初の発行部数は五百部。現在は二万二千六百部を発行する奄美一の地域紙だ。

当時は紙不足、翌年十月三十日付に「用紙事情のため今週は二回発行」と、おことわりし、一九四八（昭和二十三）年二月二十三日付社告には「二月は週三回発行。用紙がもらえない場合は休刊」と公示し、三月一日から五日まで休刊している。用紙配給は米軍の意向次第だったため、米軍の気に入らない記事が掲載されたときは紙の配給が中断され、休刊せざるを得ない苦しい時期だった。

昭和 29 年高速輪転機を導入した村山家國（中央）＝『南海日日新聞五十年史』から

米ソ冷戦下、米国は共産主義排除に必死になる。奄美での事前検閲は一九四六（昭和二十一）年から実施されていたが、ジョセフ軍政官が「軍政は独裁政治である」と宣言した。村山は「言論界は指令そのものには驚かなかったが、それが公式文書として再指令されたところに或る不気味さを感じた」と述懐している（『南海日日新聞五十年史』）。米軍は民間人を招いて飲ませた席上、当時の中江知事らに対して「そのバーテン台から四つんばいになって入って来い。俺たちの股をくぐれ」などと言い、箒で尻を叩く人権蹂躙《じゅうりん》も平気でやった。群島民の代表に対する米軍のこの侮辱事件に、村山は社説で「アメリカの琉球に対する意志が確定している限り、気がねなく琉球も日本復帰の意思表示をすべき、あいまいな態度は厳に慎むべきである」と日本復帰への強い意気込みを決意している。

村山は社業のかたわら、米軍政府の様々な圧力をはねのけ、復帰運動高揚のための世論形成、自らも陳情に加わるなどあわただしい日程をこなしていた。一方、文化運動にも大きな足跡を残した。「復帰運動に文化活動は欠かせない」と、村山の南海日日新聞は、早くから主催した音楽コンクールやシマウタコンクールなど文化活動に熱心だった。村山は自ら率先して新民謡「島かげ」を発表した。この歌は、奄美郡民から親しまれ、愛唱歌になった。村山は「愛する者が今後向かう日本。いつか会う日の夢のかなしさを、別れた島の現実を見た」と語っていたが、後日、村山は米情報官から「〝島かげ〟の歌詞の〝別れた島〟とは、日本のことではないか」と詰問され、「特定の島ではない。男女の別れのことだ」と必死に訴えた。メロディーが素晴らしく、後には情報官の愛唱歌の一つになったという嬉しい情報も届いた。「島かげ」は復帰運動を闘い、米軍に追われて本土に密航したある闘士の愛唱歌でもあった。村山はアララギ派の歌人である。南海日日新聞は、現在も群島内にある短歌の会が例会を開くたびに、全作品を新聞紙上で特集を載せている。また短詩形式の指導者として「青嶺短歌会」の例会には必ず顔を出し、各種講座の講師をしている。大島高校の教壇にも立った。

一九五一（昭和二十六）年前後は、奄美で日本復帰運動が大きく盛り上がったころである。日本と四十八カ国が、同年九月八日、サンフランシスコ平和条約に調印して日本は国交回復した。しかし、沖縄・奄美・小笠原諸島は、アメリカの施政下に置く信託統治となった。苦節八年、漸く奄美群島民の悲願がなって日本復帰が叶った一九五三（昭和二十八）年十二月二十五日付の社説で、村山は「朝はあけたり」と題して、

新しい奄美群島の夜明けである。（中略）尊きは民族の独立と自由である。（中略）奄美群島再生の歴史の日を迎えて、われわれは日本国の日の丸を手にし、北は八千万国民に、南は百万沖縄同胞に対して、自然は不自然を克服する日が必ずくるということを言挙げるのである。

と喜びと同時に、同じ運命にある沖縄の早期復帰の決意を述べた。沖縄が復帰したのは奄美より遅れること十九年後の一九七二（昭和四十七）年五月十五日である。

### 奄美のガンジー——泉　芳朗

泉芳朗は一九〇五（明治三十八）年三月十八日、伊仙町面縄で延宏の六男一女の長男として出生した。

一九二四（大正十三）年、鹿児島県立第二師範学校を卒業し、その年に笠利村赤木名小学校の訓導として赴任した。そのとき、旧制大島中学校を一時離れて故郷で農業をしていた中村安太郎と親交を結んだ。白鳥省吾が主宰する同人誌「地上楽園」に参加し、本格的に詩作を開始。一九三八（昭和十三）年に、高村光太郎や奄美出身のロシア文学者・昇曙夢が出席した「詩と文学の戦時座談会」で司会を務める。徳之島町の神之嶺国民学校校長を務め、一九四六（昭和二十一）年に大島郡視学に抜擢される。いわば大島郡の教育長的な役割だった。黒ぶちのロイド眼鏡にちょび髭をはやした人懐っこい笑顔が印象的な人だった。しかし、泉はもともと喘息の持病があり、他の人よりも体力に恵まれていなかった。

一九五二（昭和二十七）年七月十三日、名瀬小学校校庭で日本復帰名瀬市民総決起集会が開かれ、二万人が結集した。

それ以前、日本復帰協議会の議長を誰にするかというとき、中村安太郎は泉を推し内諾を得た。その理由を著書『祖国への道』で次のように述べている。

第一は、彼は共産主義者ではないこと。（中略）アメリカによる弾圧は絶対に避けられる。第二に泉は詩人であり、芸術家でもある。彼の詩精神は純粋であって、俗世間の誘惑には決して汚されない高潔さを持っている。第三には泉は教育界に長く身を置いていたので教職員を含めて全郡的に信頼されている。

ロイド眼鏡の泉芳朗議長
＝『奄美の奇跡』から

こうして「いまの奄美大島にはレーニンや毛沢東はいらない。民族の独立と解放が必要で民族解放のためにガンジーが必要です」と泉を熱心に説き、復帰協議会議長就任を要請した。泉は「奄美大島のために献身できたら何の

悔いもない」と、二人は固い握手をかわしている。教職員、経済団体、青年団、婦人会、高校生ら島内のすべての十四歳以上の住民の九九・八パーセントの復帰を訴える自由意志の署名簿は、高さ約三メートルに達した。泉は、「これで祖先と子孫に対する我々の義務の一端を果たした。信託統治を撤廃し、講和条約が結ばれる瞬間まで、あらゆる手段で運動を続ける」と語った。その署名簿に付ける嘆願書は中村安太郎が書いた。

旧名瀬市の高千穂神社で断食祈願する泉芳朗＝南海日日新聞から

泉は自ら一九五一（昭和二十六）年八月一日から五日間、復帰協議会議長として旧名瀬市（奄美市）の高千穂神社で「復帰祈願の断食」を断行する。これに合わせて八月四日、一般市民約一万人が、かがり火を焚き、「復帰の歌」を歌い、盛景好副議長も二十四時間の断食に入った。集会後、多くの住民が泉の断食している高千穂神社に結集し、泉を励ました。中には断食する人たちもいた。断食は、かつてガンジーが大英帝国を相手に闘った独立運動の一つの方法である。「断食」や「請願書」は、アメリカが心底嫌がる戦術である。泉は断食の断行にあたって、

断食運動はアジア民族の伝統的な意思表示の手段であり、知性の許すにおいてのギリギリの反対意思である。（中略）全世界の平和を愛する人々への呼びかけである。

と表明している。泉はやつれてはいたが、立ち上がって市民を迎え、苦行中に綴った「断食悲願」と題する詩を朗読した。それは「ここは北緯二十九度直下」で始まり、

八月の太陽は　燦《さん》として今天上にある。
されば膝を曲げ頭を垂れて　憤然五体の祈願をこめよう
祖国帰心　五臓六腑の矢を放とう

と結んだ。泉は九月七日に行われた郡都の選挙で名瀬市長にもなり、さらに復帰運動の先頭に立ち続けた。

一九五二（昭和二十七）年六月十一日付毎日新聞に「沖永良部島と与論島の二島分離返還」の報道が出た。さっそく泉は東京に「与論、沖永良部分離復帰説の真相」を打電した。この報道にも奄美全島復帰の決意は揺るがなかった。二島は文化的に沖縄に近く、地勢的に琉球と間違えられたらしい。着物の帯の結び方が前結び、音楽も琉球音階に近いなど、琉球の島々と間違いやすい特徴がある。そこで帯も本土と同じ後ろ結びに、頭に物を載せることもやめると自発的に決めた。和泊町の南洲神社では、町民が改めて復帰祈願祭を行うと同時に、高校生も全島を回って復帰実現を訴えた。町長や村

長が国会や各国大使館に行って「二島は本来から鹿児島県だ」と訴えた。この「誤報」が、中だるみしていた復帰運動に再び火をつけた。

こんな矢先の一九五三（昭和二十八）年六月十一日、来日したダレス米国務長官が「奄美大島全島を全面的に日本に返還する」と声明した。この朗報は直ちに南海日日新聞が、号外で郡民に速報した。沖永良部島では嬉しさのあまり「ダレス声明感謝町民大会」が開かれたほどだ。村山もさっそく「朝はあけたり」と題する〝復帰祝賀の歌〟を作詞し、山田耕作が曲を付けた。奄美は歓喜に包まれ、同年十二月二十五日に日本復帰を果たした。

〈三人の晩期〉

中村安太郎　晩年は東京・世田谷の自宅で六百ページにおよぶ大著『祖国への道』を起稿し、京都の入院先で一九八四（昭和五十九）年に脱稿した。旧名瀬市で同年九月二十二日に開いた本の出版会には中村の人柄を慕って多くの市民が駆けつけた。古稀を過ぎた中村は特老ホームの建設を企てたが、志半ばで実現できず（その後、光江夫人が実現）、京都の病室で八十六歳の生涯を閉じた。

村山家國　ライフワークとなった『奄美復帰史』は、異民族からの脱出をめざした奄美同胞の苦闘と栄光の記録である。奄美の心を自らの心として炬火を掲げ続けた著者自らの戦後史でもある。一九七五（昭和五十）年二月二十日、壮途半ばにして不帰の客となった。享年六十五歳。郷土紙のゆるぎない礎を築いた不屈の精神は燦として輝く。

泉芳朗　社会党右派から衆院選に三たび立候補したが、志を得ず。一九五七（昭和三十二）年に週刊誌『新奄美』を発刊し、再び文筆生活に帰り、一九五九（昭和三十四）年四月、詩集出版のため上京中、体調を崩し、病院で五十四歳の生涯を閉じた。地元奄美では、彼の急死を郡民葬の礼をもって悼んだ。彼が率先垂範した人道主義、無抵抗で復帰を実現したことは、今も語り草になっている。

（主な参考文献）
南海日日新聞五十年史編纂委員会編『南海日日五十年史』南海日日新聞社、一九九七年
間弘志『全記録　分離期・軍政下時代の奄美復帰運動、文化運動』南方新社、二〇〇三年
永田浩三『奄美の奇跡』ＷＡＶＥ出版、二〇一五年
日本共産党奄美地区委員会『奄美の烽火』一九八四年
中村安太郎『祖国への道』文理閣、一九八四年
村山家國『奄美復帰史』南海日日新聞社、一九七一年
泉宏比古『奄美のガンジー　泉芳朗の歩んだ道』楠田書店、二〇一二年
泉芳朗『新装版　泉芳朗詩集』南方新社、二〇一三年
実島隆三『あの日あの時』南海日日新聞社、一九九六年
前田勝章『あれから五〇年―復帰世代から子や孫へ』鮮明堂、二〇〇三年

## 12　ダレス声明に歓喜の奄美

ダレス米国務長官は、一九五三（昭和二十八）年八月八日午後六時半、韓国から帰米の途中東京に立ち寄り、アメリカ大使館で吉田首相や岡崎外相、アリソン大使を交えて会談した。その後、内外記者団と会談し、「アメリカ政府は奄美大島群島を日本に返還する用意がある」と歴史的な重大発表をした。同席したアリソン大使も予期せず、ましてや日本側には突然のことだった。村山家國著『奄美復帰史』によると、南海日日新聞は前例のないニュースカーを繰り出し、号外と紙吹雪をばらまいた。まもなく復帰本部の幹部がトラックに打ち乗って「復帰万歳！」の大提灯をかざして名瀬市の市街地を走り回った。そして「おめでとう」「万歳」の喜び声はたちまち奄美全郡に広がった。

だが、この喜びも交通事情の悪さで、生勝にまでは届かなかった。生勝の住民は、日々生きていくことに精一杯だった。喜びの提灯行列が開かれたことも、ほとんど知らなかった。

ワシントンに着いたダレス長官は、記者会見で「私が東京で強く印象に残っていることは、奄美群島出身者の数十名のグループがプラカードを立て、花束を抱えて私を見送り、日本復帰を喜び厚く感謝されたことであった」と述べている。

一夜明けると、報道各社の小型報道機が島々の空を旋回。投下された祝賀のビラや号外に奄美の人々は復帰の実感を新たにしていた。その夜、ダレス声明感謝郡民大会が名瀬小学校で開かれて約一万五千人の人々が「われわれの悲願がかなった。完全復帰の日まで頑張ろう」と気勢を上げた。

ダレス声明を受けて、国や鹿児島県は復帰に向けて動き出す。当初、復帰は「十二月一日」と決めていた。返還後の米軍の地位、アメリカ保有の土地、建物の譲渡、債権債務の処理などについて十二月初めの第三回会合までに概ね一致した。ところが通貨交換を巡る日本側の意向がアメリカ側を刺激した。日本側は、通貨交換に日銀券約九億円を準備した。そして、B円一に対して日銀券三の交換率は認めたものの、切替えB円相当のドル償還をアメリカ側に要求した。

アメリカ側は、切り替えた日本円はそのまま国内に留保されるので、見返りにドルを要求するのは筋違いであり、またドルを支払わなくとも日本側には損にならぬと反論した。こうした交渉の遅れは日米協定の草案作業まで影響し、双方譲歩して十二月二十四日に手続きを終了させ、翌二十五日、クリスマスプレゼントとして奄美が晴れて日本に復帰することが決まった。

「あゝわれらは還《かえ》つた　日本にかえつた　長かつた八年、今はユメ」。奄美の日本復帰がかなった一九五三（昭和二十八）年十二月二十五日付の南海日日新聞のサイド記事（同紙二面）の見出しである。さらに袖見出しには「雨にしぶく日の丸にバンザイ　きょうから日本の暦」とある。日本復帰の願いの大きさと喜びが見出しから読み取れる。

宇検村久志小中学校では、急きょ学校で提灯行列をすることとし、子供たちにその旨通知した。冬休みに入ったばかりの、小学五年生だった生勝の脇田（旧姓生元）マスエさんも提灯を手作りし、二十五日を待った。細い板を四本組み立てて紙を貼り、表に日の丸を描いた急ごしらえのものだったが、この日は生憎の雨で、風も強い日だった。マスエさんらはカッパを着て提灯が濡れないように胸に抱えながら登校し、提灯に火を付け合った。森田富与校長が堂々と日の丸を掲げて「今日から君たちは、本当の日本人になったんだよ」と語った。「晴れて日本人になれた！」と喜び合って、

〽くれないの　こころにまもり　まもり来（こ）し
日のもとのはた　日のみはた
今ぞわが手に　島山（しまやま）の
朝はあけたり　さえぎるものはなく
朝はあけたり　さえぎるものはなく

昭和28年12月25日　南海日日新聞
あゝわれらは還つた
日本にかえつた
長かつた八年、今はユメ
午前零時世紀の號報
雨にしぶく日の丸にバンザイ
きようから日本の暦
大奄美の発展を
今ぞ祖國へ
さようなら沖縄
復興意欲に感謝
名瀬市の「区制」

復帰当日の島民の喜びを伝える南海日日新聞の紙面

村山家國作詞・山田耕筰作曲の日本復帰喜びの歌「朝はあけたり」を高らかに歌った。

なぜ奄美の人たちは喜び事を提灯行列で祝うのだろうか。それは喜びを与えた神様が現世にお越し下さる道灯りになるよう提灯を掲げ、共に祝うという民俗心象を反映したのだろう。

また、私が子供のころ、名瀬市在住の名越尚茂一家は、鹿児島市甲突町の川内新七さんが大島紬を始めたいので名越尚茂に監督を任せたいという意向を受けて鹿児島市移住を決意していたが、パスポート用の写真を撮っていた矢先、ダレス声明を聞き「急ぐ必要はない。日本に帰ってからにしよう」と移住を延期した。翌年三月下旬になって、金十丸で鹿児島市に移転した。

## 13　米軍発行のB円

第二次世界大戦の敗北で、本土から切り離された奄美と沖縄は、一九四六（昭和二十一）年四月六日からお金も米軍が臨時に発行した軍票のB円になった。日本で軍票が発行されたのは、西南戦争で薩摩軍が発行した通称「西郷札」と、奄美・沖縄のみで通用した米軍発行のB円だけだった。米軍票にはA円とB円がある。その違いは印刷された表に印刷されたA、Bの文字によって区別されており、Aと表記した紙幣は南朝鮮（韓国）で使用され、Bと表記された紙幣はトカラ列島と奄美群島、それに沖縄諸島で使用された。A円は朝鮮戦争の米軍支配地域で発行されたので、B円の方が先に発行されたことになる。

私と同じ団地（鹿児島市西陵八丁目）に住む喜界町出身の平田静也さんが「こんなお札をご存知ですか」と、ある日差し出してくれた。なんと私が奄美で生活していた小学生時代に見た懐かしいＢ円の百円ではないか！　当時Ｂ円は紙幣だけで、鹿児島市に引っ越して日本円には紙幣のほかに硬貨があるのにびっくりしたことを覚えている。平田さんとＢ円を前に、復帰前の奄美のことでしばし話が盛り上がったものだ。

Ｂ円はすべて紙幣で、五円・二十円・百円があった。五円以下の少額紙幣が出回らなかったため、買い物にも困る状態がしばらく続いた。のちに十円・一円・五十銭・十銭札も出回った。デザインは人物や風景などの図柄はなく、表面・裏面とも唐草模様や彩文模様のみであった。例えばよく流通していた百円など高額札は縦六・七センチ×横一五・七センチだった。最高額の千円札も同じ大きさだった。しかし、十円と五円は縦六・七センチ×横一一・一センチと一回り小さく、後に発行された一円・五十銭・十銭の少額紙幣は、縦六・七センチ×横七・八センチと、さらに小さな形。全部で八種類だった。全て紙幣で、透かしは入っていなかった。硬貨はなかった。

復帰してＢ円と日本円の交換比率は、一対三の割合でＢ円が日本円の三倍強かった。例えば百Ｂ円で三百日本円と交換できた。

このころの大島支庁は、通貨切り替えの業務に追われる中で、食糧増配とインフレ抑制をめざす生鮮食品の価格表も交付した。村山家國著『奄美復帰史』によれば、例えば鮮魚について名瀬と古仁屋の市街地では一級品一斤八円（タイ・ハタ類・カンパチ・チヌ・マグロ・フエフキダイなど）、二級品一斤七円（カツオ・シイラ・赤ウルメ・ムロアジなど）、三級品一斤六円（エラブチ・カワハギ・ヒキなど）と価格が設定された。また、業種別の最高賃金の基準額も公示された。例えば、大工・左官・石工・セメント職人などが各十五円、一般労務者男子十円・女子八円というように格付けされていた。

同時に、物々交換は禁止され、違反者には勾留や罰金が科せられた。こうした一連の低物価対策は、当初食糧放出の不調もあり破綻の様相をみせた。

それでも預金封鎖と食糧増配の相互作用はまもなく効果を表し始めた。一九四六（昭和二十一）年五月初めの記録によると、名瀬町（当時）における黒糖の市価格は、新円以前は一斤四十円から五十円だったのが十五円に下落し、焼酎も一升百円から百五十円だったのが五十円に、肉類一斤七十円から八十円だったのが二十五円に物価も下がり、落ち着いた。日本円への切り替えは奄美にとってインフレ抑制にもつながっていた。

米軍が発行した８種類のＢ円（電子辞書「ウィキペディア」から）

沖縄では、一九五八（昭和三十三）年の通貨切り替えから一九七二（昭和四十七）年五月の日本への施政権返還まで、Ｂ円から米国ドルに切り替わった。

## 14　東燃の枝手久島石油精製基地問題で揺れる

一九七三（昭和四十八）年、大手石油会社の東亜燃料（現在のＥＮＥＯＳ）が、枝手久島に石油精製工場を建設する計画が持ち上がり、宇検村は十年以上にわたって賛成、反対で大きく揺れた。

『宇検村誌』によると、計画では枝手久島と大島本島の間を埋め立て、最終的に日産五十万バレルの原油精製を行う製油所を建設するというもの。これは当時の日本全国の石油消費量の約一割にあたる規模である。その後に東燃が公表した数字によると、一日八万トン（地元の使用分三万トンを含む。東燃の使用分は五万トン？）の工業用水が必要で、投資額三千五百億円（千五百億円？）、固定資産額十四億円というものだった。村当局と村議会の多数は建設に賛成であったが、崎原地区（平田・阿室・屋鈍）と名柄が、公害への懸念から強硬に反対した。久志は賛成・反対がほぼ半々。これら五集落以外は賛成であった。この計画の是非をめぐり、村は二分され、消防団の操法大会や夏まつりなどといった行事も、統一して開催できない事態が長く続き、個人間や親せき間の人間関係にも大きな影響を及ぼした。

一九七四（昭和四十九）年三月、反対派は石油企業誘致反対村民会議（吉久文吉議長）を結成、三月二十六日に地区民二百十人が村役場を訪れ、松元辰巳村長に誘致反対の申し入れを行った。これに対して賛成派も、宇検村石油企業進出促進村民会議を結成した。五月上旬に両派は相次いで集会を開いた。反対派の集会には瀬戸内町や大和村の漁船が参加して焼内湾で海上パレードを行い、賛成派の集会には村長、村議会議長、宇検村再開発調査特別委員長をはじめ、村議会の多数を占める賛成派が出席していた。

反対派は村内では少数派だったが、奄美大島全体では逆に圧倒的に反対意見が多かった。群島レベルでは反対組織「公害から奄美の自然を守る郡民会議」が、同年四月十三日、旧名瀬市で結成されており、名瀬在住の宇検村出身者も、多くが石油基地反対で反対村民会を結成。郷友会にも亀裂が生まれた。

賛成・反対のそれぞれの根拠は次のようにまとめられる。賛成意見の背景には、急速な人口減に対する強い危機感があった。宇検村の人口は、復帰から間もない一九五五（昭和三十）年の国勢調査で六千三百一人だったが、一九七〇（昭和四十五）年には三千三百七十七人と、ほぼ半減していた。数百人の雇用を約束する企業の進出は、特に村当局にとって魅力的であった。公害も以前のような心配はなくなった、というものだった。一方、反対派の最大の理由は公害である。当時の都会の大気汚染は現在と比較にならないほどひどかった。公害とは無縁と思っていた奄美に、四日市ぜんそくなどの大気汚染の元凶と

石油企業進出反対郡民総決起大会の様子（越間誠著『奄美　静寂と怒涛の島』から）

いうイメージが強い石油企業が進出するというわけだ。当時、奄美群島の海岸に、原油を運んだタンカーが帰りの洋上でタンクを洗浄した廃液・スラッジが漂着し大きな問題になったことも拍車をかけた。

賛成派の反論は「死膳（自然）は食えぬ」という標語に集約される。これに対し反対派は、目先の利益のために、祖先から受け継いだ美しい島や土地を犠牲にしてはならないと論じた。

賛成・反対両派の対立は一九七三（昭和四十八）年十二月二日に湯湾で開かれた決起大会で頂点に達した。反対派は湯湾干拓地に三千五百人を動員し、賛成派千四百人の集会は川を挟んで集落側で開かれた。機動隊が間に入って両派の衝突は回避されたが、機動隊の盾への体当たり、投石が繰り返された。

東燃は枝手久島の測量以前から、予定地の買収が困難であることを見越していたらしく、工場建設地を賛成派地主の多い宇検寄りに移動させることも検討していた。もしこの変更した計画が実現していたら、船越《ふのし》海岸が埋め立てられて工場敷地になっていただろう。

時間の経過とともに、工場建設に必要な手続きが明確になってきた。それは①枝手久島の土地買収②漁協の漁業権放棄③環境調査、の三点だった。反対派の郡民会議は、反対派地主の土地を郡民会議幹部が買い取る契約を結び、仮登記を行った。さらに製油所の建設は漁業に影響するため、漁協が補償金を受け取って漁業権を放棄する必要がある。そのためには正組合員の三分の二の賛成が必要になる。漁協の組合員は一九七三（昭和四十八）年には七十六人まで減少していたが、石油基地問題になってから組合員数は反対派を含めて百二十人となり、漁業権放棄が難しくなったなどの問題が噴出していた。また県が行う環境容量調査は、一九七四（昭和四十九）年に予算化されたが、この調査には議会の「すべての住民が納得できる調査方法」という付帯決議があった。旧名瀬市や瀬戸内町は、調査に反対の立場を表明しており、調査はなかなか着手できなかった。

一九七九（昭和五十四）年二月のイラン革命を契機に第二次石油ショックで石油消費量は大きく落ち込んだ。このため枝手久島石油基地の必要性は徐々に薄れていった。一九八一（昭和五十六）年になると、東燃は気象観測塔を撤去し、湯湾の駐在員も引き上げる。そして一九八四（昭和五十九）年に進出断念を発表し、十一年間にわたる村を二分する騒動に終止符が打たれた。

村内では「他力ではなく、地力での村おこしが必要」という意識が徐々に広がって行き、反対派も工場建設がないことを確信し、それまで拒否していた村の行事に参加するようになった。また平田では反対運動を通じて昔ながらの「あぶり漁」が行われるようになった。「あぶり漁」とは、本船と伝馬船四隻で、夜中に何時間もかけて集魚灯で集めた魚を敷き網の上に誘導してすくい上げる漁法だ。

田検出身の渡博文さんのように奄美開運酒造の工場を湯湾開拓地に設置し、村財政や雇用に貢献するなど、村出身者の動きも出てきた。焼内湾の深い入り江を利用した養殖場も次々にでき、雇用も増え、今では住民平均所得で奄美一を誇るまでになった。

東燃が村に支払った迷惑料三億円を資金に宇検村振興育英財団ができ、村の進学者に対する奨学金に活用している。金利が高く、予算が潤沢な時期には、中学生らの海外ホームステイの費用を賄うなど、資金は有意義に活用された。

（参考資料）

宇検村誌編纂委員会編『宇検村誌』宇検村、二〇一七年

## 15　無我利道場の追放運動

一九七五（昭和五十）年八月、トカラ列島の諏訪之瀬島で、ヤマハのリゾート開発反対運動をしていたグループが、石油基地反対運動に加わった。漁業や小規模な農業、それに養鶏を行って、久志集落に定住し始めた。また開発反対派の平田集落の「あぶり漁」にも参加していた。無我利《むがり》道場といわれるグループで、既存の道徳観や生活様式に反抗し、髭や長髪を蓄えた、いわゆるヒッピー系といわれる人々。三家族が共同生活をしながら反対運動をしていた。無我利とは、「むずがる」を意味する奄美の方言の「むがる」「むがり」に由来するという。「偏屈者」を指す言葉でもある。

当初、過疎に悩む同村において数少ない青年グループであり、久志集落は基地問題で賛成・反対が拮抗しており、特に基地反対派の住民は同志であったことから住民と共存していた。一九八四（昭和五十九）年に当時の東亜燃料工業が石油基地建設計画を断念した後も、無我利道場のメンバーはそのまま住み続けた。

ところが一九八六（昭和六十一）年になって、無我利道場メンバーの子供たちが、久志小中学校の制服着用を拒否し、私服で通学し始めると「久志校始まって以来の恥」と批判された。さらに義務教育を否定して登校を拒否し、地域活動への不参加をも宣言したことから、地元住民との関係がさらに悪化していった。いまでこそ登校拒否は個人の問題というより社会問題であるが、無我利道場の子供たちの登校拒否は当時、奄美においては理解不能な事態であった。翌年三月には、久志で「無我利は危険な過激派である」というビラが配られた。

一九八八（昭和六十三）年四月、徳之島出身者が代表を務める右翼団体、松魂塾のメンバーが宇検村入りし、隣の生勝の民家を借りて（後に久志に移転）常駐し、「テロ、ゲリラ集団は出て行け」などと大音響の街頭宣伝などで追放運動を行った。五月には村議七、八人と十四集落の区長ら村内の有力者が集まり「無我利道場解体村民会」を結成した。

さらに右翼団体の松魂塾は、同年十月三十日、チェーンソーなどで無我利道場の家屋の柱八本を切断し、さらに大型ダンプをバックさせて家屋を壊そうとし、それを阻止しようと路上に横になった無我利道場の男性（当時三十歳）が重傷を負う無我利道場襲撃事件まで発生。松魂塾の五人が逮捕された。同年十月八日には、取材中の南日本新聞の宮下正昭記者が、右翼から殴られる事件も発生し、翌日検挙された。また鹿児島県弁護士会などは、それ以前に「〝無我利〟の人たちの人権を侵害することがないよう強く要望する」との要望書を送付していた。

無我利〝襲撃〟
過疎のムラに衝撃
住家半壊、1人重傷
ダンプ突入 チェーンソーやハンマーも

右翼の無我利道場襲撃を伝える1988年10月31日付の南海日日新聞

一九八九（平成元）年九月に無我利

ダンプカーで壊された無我利道場。後ろは久志小中学校（旧無我利道場編『島に生きる　追放運動三年目の報告』から

道場は、無我利道場解体村民会に対して「無我利という名称が誤解を招く」として自らを「入植者グループ」と呼ぶことにした。また無我利道場の三家族は共同生活を解消し、別々の家で生活するようになった。

　わずか三家族の入植者グループである。それでも石油基地賛成派の住民にとって、自分と違った行動をする者たちに「坊主憎けりゃ、袈裟まで憎し」という側面もあったのだろう。双方の民事訴訟問題は、一九九三（平成五）年十月に開かれた久志の常会で、「住民側は、入植者グループ側に対して追放行為をしない」、「グループ側は、久志集落の生活環境で住民への配慮が欠けていた」など双方が和解に応じて、その後平穏になった。

　無我利道場問題で学ぶことは、自分たちと考え方の異なる人たちがいても、法に違反しない限り、その人の行動や思想なども認める「寛容さ」が必要だ、ということだ。つまり排除ではなく、共生共同の暮らしを維持することにつながる生き方の大切さだと思う。

（参考文献）

宇検村誌編纂委員会編『宇検村誌』宇検村、二〇一七年

旧無我利道場編『島に生きる　追放運動三年目の報告』インパクト出版会、一九九〇年

## 16　倉木崎海底遺跡

### 中国製の青磁器などが続々

　遺跡は、枝手久島の北側海峡と宇検集落の倉木崎に挟まれた浅い海底にある。『宇検村誌』によると、「倉木崎海底遺跡」は一九九四（平成六）年八月に旧笠利町歴史資料館の故中山清美さんによって発見された。同館勤務の同僚・中山和幸さんが釣りの途中、倉木崎海岸から偶然、青磁小皿を採集し、中山清美さんに見せたことがきっかけだった。中山清美さんは水中探査を計画し、奄美ダイビングクラブの協力を得て現地の遺物を確認し、海底のビデオ・写真撮影を行って情報を収集した。

　文化庁や鹿児島県文化課と協議し、本格的に宇検村が主体となり一九九六（平成八）年までの四年間にわたり発掘調査したところ、海底一帯に南宋時代の中国製陶磁器二千三百点が確認され注目された。

　倉木崎といえば、第二次世界大戦中に沖縄の学童らを乗せた学童疎開船・対馬丸が悪石島沖で米軍の魚雷で沈没し、学童ら五十数体の遺体が打ち上げられた船越《ふのし》海岸の北側に位置する岬としても知られる。

　海峡は長さ二〇〇〇メートル、幅二五〇～六〇〇メートル、水深は約三メートルと、海底は比較的浅く、白砂の海岸に囲まれている。海底には色とりどりのサンゴが豊かに群生している。水中考古学の調査は、鹿児島県では倉木崎が初めての調査だった。倉木崎海底遺

跡付近は、潮の流れが速く、海中の一点に留まることは大変困難であった。そこで陸地から海底にロープを延ばし、一辺が二〇メートルのグリッド（升目）を設置し、このグリッドごとにスタッフが、散乱遺物の確認と正確な位置の測量、写真撮影などの記録を終え、遺物を取り上げた。

　遺物は、海底から引き上げたときは、サンゴや小貝、それに海藻類が付着し、そのまま放置しておくと数日で悪臭を漂わせた。サンゴなどは付着力が強く、少々の洗浄では取り除くことができない。一部弱酸性の薬物処理をするなど、遺物の洗浄作業は手間と時間を要した。

　採取した遺物の内訳は、青磁が千三百八十三点（そのうち、龍泉窯のものが千百七十三点、同安窯系のものが二百十点）で、白磁が百八十九点、青白磁が二十点、黒釉天目碗が一点、黄釉陶器が十四点、褐釉陶器七百十六点、土器二点で、量的に最も多かったのは龍泉窯系の青磁器で千百六十点、次いで褐釉壺の三百六十九点だ。これらの遺物の特徴は、破断面が比較的鋭利で、完形品が少ないことであった。龍泉窯系青磁窯址は、中国浙江省龍泉県、慶元県、麗水県に広がり、主に宋代から明代にかけて最大の窯業生産地である。

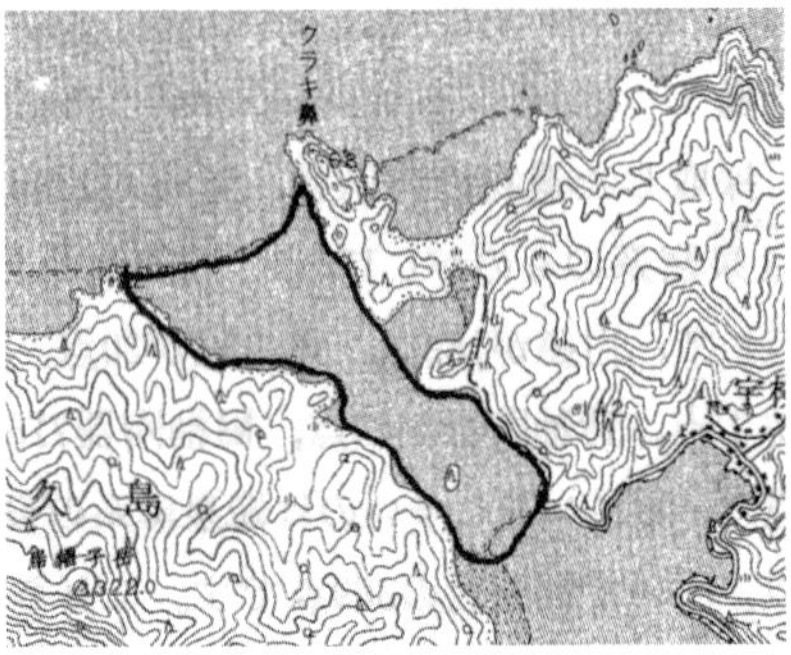

倉木崎海底遺跡の位置（黒線で囲った部分）

　出土遺物は、十二世紀後半から十三世紀初頭の中国製の陶磁器で、種別では青磁の碗・皿が多く、次に褐釉陶磁器の壺・甕・鉢、白磁の碗・皿・四耳壺、青白磁の碗・皿・合子・小壺などで、生産地としては浙江省の龍泉窯系や江西省の景徳鎮《けいとくちん》窯系、福建省建窯系、同安窯系、磁竃《じそう》窯系など中国南部の製品が確認されている。

　この四年間の調査で遺物製作の時代が一世紀前後に限られることや、遺跡の近くの民家から中世の「碇石」が発見されたこと（今のところ海底遺跡と碇石の繋がりはない）、一九九八（平成十）年の調査で天目碗が発見されたことなどを考えると、日本に向かった貿易船が何らかのトラブルで沈没した可能性が考えられると『宇検村誌』は見ている。海中から引き上げた陶磁器類の一部は、宇検村湯湾の「元気の出る館」に常時展示して一般に公開している。

倉木崎海底遺跡から引き上げられた遺物類＝『宇検村誌』から

（参考文献）
宇検村誌編纂委員会『宇検村誌』宇検村、二〇一七年

## 17　コンクリート造りの公民館建設

　かつての生勝集会所は、久志小中学校の木造旧講堂を移築したもので、老朽化も酷かった。しかし、貧しい生勝の人たちには、新築する余裕はない。

郵 便 は が き

料金受取人払郵便

鹿児島東局
承認
300

差出有効期間
2027年2月
4日まで

有効期限が
切れましたら
切手を貼って
お出し下さい

892-8790

168

鹿児島市下田町二九二―一

図書出版
南方新社 行

| ふりがな<br>氏　　名 | | 年齢　　　歳 |
|---|---|---|
| 住　　所 | 郵便番号　　－ | |
| Eメール | | |
| 職業又は<br>学校名 | | 電話（自宅・職場）<br>（　　） |
| 購入書店名<br>（所在地） | | 購入日　　月　　日 |

**書名**　(　　　　　　　　　　　　　　　　　　　　)愛読者カード

本書についてのご感想をおきかせください。また、今後の企画についてのご意見もおきかせください。

本書購入の動機（〇で囲んでください）

A　新聞・雑誌で　（　紙・誌名　　　　　　　　　　　　）
B　書店で　C　人にすすめられて　D　ダイレクトメールで
E　その他　（　　　　　　　　　　　　　　　　　　　　）

購読されている新聞，雑誌名

新聞　（　　　　　　　　）　雑誌　（　　　　　　　　）

直接購読申込欄

| 本状でご注文くださいますと、郵便振替用紙と注文書籍をお送りします。内容確認の後、代金を振り込んでください。（送料は無料） | | |
|---|---|---|
| 書名 | | 冊 |
| 書名 | | 冊 |
| 書名 | | 冊 |
| 書名 | | 冊 |

ちょうど一九七六（昭和五十一）年度の国の社会福祉施設整備費の補助金を活用する道があると知った。これを活用して「へき地保健福祉施設」として公民館を新築することにした。

出身者の多くが暮らしている旧名瀬市や鹿児島・関西・関東方面の〝郷友会〟を集落の代表が回り、寄付集めに勤しんだ。生勝に関係ある人たちも進んで寄付に応じてくださった。その結果、寄付は名瀬在住出身者百二十六人、鹿児島が百四十六人、関西方面六十六人、関東方面五十人、九州・沖縄九人、奄美地区百九十五人、それに生勝在住者百十二人を含めた総計七百三人から、七百三十九万二千九百六円の浄財が集まった。生勝出身者らの愛郷心の強さを見せる形になった。生勝と何らかの形で関係があった方々の協力もいただいた。厚くお礼を申すしかない。生勝を思う〝愛の結晶〟が公民館であることを忘れてはならない。

各地の出身者の多額の寄付で建設された生勝公民館

公民館は鉄筋コンクリート平屋一六五・六二㎡で、工期は同年十一月十五日からで翌一九七七（昭和五十二）年三月二十五日に完成した。工費は二千六万円だった。新築に際し、長年旧集会所横にあった生勝のシンボル的なガジュマルの老木が邪魔になり、やむなくこのガジュマルを切り倒し、公民館横の広場の端にガジュマルの苗を新しく植えた。このガジュマルも早くも五十年近く経ち、こんもりと茂っている。涼しい木陰の下にベンチが置かれ集落民の休憩場所になっている。公民館横の旧製茶場跡地には消防団分遣車庫もある。

生勝公民館前の二世のガジュマルの木とベンチ

公民館には建設へ寄付金を寄せた人たちの名前が列挙されている。寄付者の原簿が不明のため、公民館に掲げている名前を参考に記載した。ところが鹿児島市在住者が「関西地区」に紛れ込んでいるのを発見し、どこからが関西地区なのか判明しないので、「鹿児島・関西地区」でまとめた。なお、記載された人員も総数と合わない。匿名希望者もあり、記載漏れもあるかとも思うが、生勝公民館がどれほどの出身者たちの好意でできたかを分かってほしい。公民館に記載されている寄付者は次の通り。

**■生勝公民館への建設寄付**

〈生勝在住者関連〉

山下池領　山下池義　稲垣コエツ　禧久幸円　脇田ミサエ
坪山アイチヨ　米田カネチヨ　稲イチズル　名越ゲンズル　稲葉常英
福永英顕　文岡キクエ　山下栄禎　丸山宮義　脇田武則
稲　栄則　山下デンズル　稲　栄益　山下徳治　山下トミチヨ
山下長茂　山下伍太郎　中村平吉　池長栄志　池　正則

中村英二　稲村ヤス　勝ウユシ　米　国三　米田永良
森　清朝　森クマズル　山下イズ　文岡タ子キク　文岡秀仁
福永ヨシエ　川内順一　勝山善藏　與名ウトキ　浜畑ハツ
山下儀信　脇田　実　山下宝三　米タケチヨ　山下博通
川内マミマツ　名越健一　浜畑マツ　山下シゲマツ　宝楽光明
生勝青年団　生勝婦人会　生勝部落会　文岡強志　吉岡勝強志
池　有義　稲葉信也　有川好博　生勝老人会　悦　池富
稲垣兵造　福永　募

＜旧名瀬市地区＞

名越百太郎　名越　司　名越幸男　中村トキエ　稲　律子
西　正治　生元高志　脇田　勲　川内ウト江　池元為一
竹島スエ子　脇田　昭　山下成正　山下ケイ子　山下長一
稲村邦夫　興　スミ　與名幸男　関　貞則　脇田フミエ
山下統一　名越ツルマツ　川内エイチヨ　山下時則　森　重也
川野義充　文岡　博　池　悦益　保池美智子　鈴木るり子
米　光義　山田幸平　生野隆義　稲　チエ　稲　安彦
名越房子　名越末次　武島経和　文川　実　山田米道
中村　恵　村田義隆　重山直光　岡村義隆　坂元豊治
久永文夫　山下フク　山下武司　山下春雄　山下清一
山下文男　吉田秀男　名越　恒　柳　ツタ子　得　ハツ
名越ハツエ　川内実雄　久永　茂　勝　幸久　吉田徹雄
大崎金吉　生元ウメ　森　進　脇田栄一　山下ウツル
吉永トミ子　久永和久　浦田紬工場　與名信夫　禧久幸一
坂元　敏　文岡キ平治　三池キク　佐川工務店　稲　栄利

浜　鮮魚店　山下久茂　福島久利　坪山　豊

＜鹿児島・関西地区＞

池　造成　池　聖夫　山下忠茂　脇田清敏　脇田勝子
脇田義憲　名越富範　名越　護　川内常夫　中村ウシキク
稲　仲徳　脇田慶次　稲岡禧幸　山下一義　名越久吉
松下弘子　名越常義　與名有久　脇田純雄　山下　忠
桑原善吉　名越義久　禧久ユキ子　稲垣義男　池長昌禧
川内幸吉　備久エ子　金丸イツ子　中村　一　福島ヤヨ
池　稲美　脇田伸一　竹林秀男　稲　勇　池　蒸顕
徳永久夫　稲　政秀　名越米富　山下武則　米　正道
山畑邦彦　池　権三　稲垣栄彦　福園勝義　武田英綱
富志川浩達　稲原　積　稲原栄久　勝　正志　稲垣和男
赤井キヨミ　米田清ノリ　米　憲夫　安永フクエ　山下岩吉
中村　広　向井テツ子　田中ムツ子　生島義夫　森　忠成
岩川緒己　脇田エイゾウ　山下為義　山下憲一　川畑峰夫
勝　ウチカ　藤田常良　中村信常　脇田トミ子　名越尚茂
米田為夫　森　正志　川内マチ子　川内大吉　松原義一
中村正二　勝田幸功　川内好英　名越富嶺　川内タケ
生元高志　森　チサ子　秋山清一郎　山下池作　名越満義
生　池明　名越　平　山下義彦　山下米徳　松原房太郎
藤森弘吉　長次タカ子　岡　登美子　森山米男　山下登志光
與名一男　宮本照昭　新元てつ子　中村広秋　元井義池
福永武利　山下善雄　名越富良　脇田和久　中川静代
勝　豊光　勝　広　大沢セツ　文岡　学　文岡ナヨ子

山下秋雄
〈関東地区〉
山下直徳　脇田秀則　中田奈津子　稲垣栄重　井上利枝子
山下武治　竹谷義彦　名越義彦　名越義成　名越義康
脇田恒ヅウ　生元曠一　脇田陸男　脇田秀治　名越サトシ
脇田弘和　稲垣義三　脇田長次　脇田博信　脇田達男
重田　享　米田満雄　坂元豊ヅウ　稲垣秀三　重田シズエ
坪山正久　名越隆男
〈九州地区〉
中村栄作　結城よし子　山下正一　名越嘉正広　高州川ウタミ
田中ミヤ　麓　敏子　脇田栄益
〈奄美地区〉
川内善吉　栄　光成　山下徳茂　浜田　悟　稲　牛憲
橋口富秀　大原才助　吉岡常次　金丸昭二　津田　充
森元　正　崎谷　弘　村田有佳　米田義彦　新城角明
藤野幸一　新島米茂　元稲勇二　渡瀬　博　竹田長彦
山野忠士　白井友也　禧久豊蔵　和田ウシチヨ　伊元マツミ
玉利　栄　武島広昭　大島安徳　前トウフ店　要　宗士
平　吉彦　松元辰己　木元清光　稲　栄為　稲　江実
玉利松雄　大吉一照　大郷勝次　石原貞彦　坂野善三
森谷忠男　定　良充　稲沢　真　川畑茂也　海原　惇
本田初夫　元口　望　重野靖一　大森徹夫　俊岡　平
松元恒夫　盛　茂治　泉　義夫　川渕武茂　大原国茂
植田忠七　植田十成　要　植人　福山清光　重野弘道
稲村秀吉　辰島平治　元島　勇　渡　静麿　津田久稔
中条森雄　藤野幸正　菊地豊栄　松井輝雄　本田宗助
主島茂八　村野行正　豊岡義弘　昌谷治利　井口安利
嶺　清助　春田真夫　福山清平　益　江郎　政　行文
山田哲三　盛岡文雄　山下勇治　山下美智子　前田敏郎
川内高雄　栄亜輝宏　屋宮電器店

## 18　シマに〝にぎわい回廊〟が出現

現在三十七戸しかない生勝集落で、〝にぎわい回廊生勝〟と銘打った芝生や東屋《あずまや》付きの立派な公園を鹿児島県が建設中だ。この本を上梓したころには、きっと集落民や観光客らがこの公園で夕涼みしながら、満天の星空を楽しめる観光スペースになっていることだろう。

この〝にぎわい回廊生勝〟は、新たな世界自然遺産の奄美トレイル（遊歩道）コースの公園施設になるよう鹿児島県が集落内に整備するもの。宇検村では初めての施設。同村のトレイルコースは、焼内湾のシーサイドロードを進み、海と山のめぐみが織り成す歴史と絶景を楽しみながら、散策や周遊することができる。その拠点となる施設整備を二〇二四（令和六）年一月、生勝集落で進めている。アメリカ中西部サウスダコタ州のアバディーンのトレイルは、総延長一〇マイル（一六キロ）もあり、ハイキングやサイクリング、乗馬をしながらプレーリー（大平原）の植物や野生動物と身近に接することができるという。

「あんなに手狭な生勝集落のどこにその場所があるの？」という疑問を抱く出身者もいよう。だが、心配はご無用。公園は、県道開通と桟橋の港湾施設で生まれたアシャゲの南延長先の村有埋立地で、右側の生勝川寄りの一角。総面積一六六一平方メートル（約五〇三坪）、全体の工事費は約八千二百万円。

　長方形の敷地に、北と南の二カ所に芝生を張った広場があり、一部は土色系に舗装される。ここに東屋やベンチのほかにトイレやベンチも置き、ガジュマルなどの植栽も予定している。駐車場も備える。車や自転車などで自然豊かな焼内湾沿いの海や山などを満喫しながらキャンプもできそう。完成は二〇二四年秋を予定している。すでに東屋などが完成している。

〝にぎわい回廊生勝〟の完成予想図

　あとは、この公園を地域発展にどう生かすかだ。それには「ケタグラの滝」や脇田昭先生がつくった集落内の「桜の園」、魔除けの石である石敢當やノロの神道などの民俗文化財の存在を明確に表示して、観光客の質問に対応できる体制を整えること。それに生勝の夜は星空がとっても美しい。一度見た本土の人たちは「また生勝に行って、星が落ちてくるような怖いほどの錯覚を味わってみたい」ときっと思うはずだ。ＰＲの仕方で「天体観測の聖地」も夢ではない。

　また、生勝の農家が生産しているパッションフルーツなどの南国のフルーツ類を観光客に販売できる体制を整備して、トレイルの拠点づくりに合わせて、生勝の新たな魅力を開発することが必要であろう。これからの生勝の発展が楽しみだ。あなたも帰省して生勝公園で夕涼みしながら、星が降るように綺麗だったあの夜空を楽しんでみてはどうだろう。

# 第三章　生勝集落の人物伝

## 1 シマウタの第一人者　坪山豊さん

坪山豊さんは、鹿児島市武岡一丁目にあった私の父・名越尚茂宅をよく訪問していた。父から「明日夜、サンロイヤルホテルで、（名越）護の書いた『奄美の債務奴隷ヤンチュ』の出版祝賀会（二〇〇九年十月二十一日）がある。いい機会なので、君も出席して南日本文化賞受賞者として花を添えてほしい」と頼んだ。すると、二つ返事でOKを出し、帰宅を一日延ばし参加してくれた。そればかりでなく、宴が盛り上がると「尚おじ（小父）、二人でシマウタを披露しようよ」と舞台に立ち、「黒だんど」「ワイド節」など数曲のシマウタを唄い、百二十人の文化人や報道関係者らを「さすが南日本文化賞に輝いた声の持ち主だ。素晴らしい！」と感動させた。私は、気さくで威張らず、人のためなら何でもする、という豊兄さんの人柄にほれ込んだものだ。

豊兄さんは、シマウタは四十二歳の遅咲きのデビューだった。それ以前、豊兄は大和村大金久の海老原万吉さん（宮崎県出身）に舟づくりを学んだ船大工だった。直進性の高い沖縄の「サバニ」と、安定性に優れた奄美の「板付け舟」の両方のよさを折衷した「アイノコ（合いの子）」つくりだった。豊兄さんは戦後、生勝でアイノコづくりをしていたが、一九五五（昭和三十）年ごろ名瀬市（現在の奄美市名瀬）に引っ越している。豊兄さんのアイノコづくりは順調で、人気が高く、注文も多かった。

一九七二（昭和四十七）年八月、豊兄さんに大きな転機が訪れた。仕事場に島芝居の熱風座の人気俳優・池島典央さんと、現在、鹿児島純心女子短期大学栄誉教授の小川学夫さんが訪れ「シマウタを唄う大会に出ませんか」と言った。怪訝《けげん》な顔で対応して数日たった、九月十七日付の南海日日新聞に「十八日から三日間、名瀬市公民館で南海日日新聞社とセントラル楽器店の共催で〝実況録音・奄美民謡大会〟が開かれる」という予告記事が出ており、「坪山豊（宇検村生勝）、生元高男（同）、稲田栄利（同）……」と出演者の名前も載っていた。豊兄さんは、狐に騙されたように仕方なく出演したが、誰が決めたのだろう。中村喬次著『唄う舟大工』によると、予告記事を出したのは「豊兄と従兄弟にあたる祈悠介（仮名）」だという。ガリ版切りから新聞社に入社したと書いているところから、著者・中村喬次さん本人のようだ。祈はその後、沖縄の新聞社に転職した、というから間違いなさそうだ。

豊兄さんは久志小学校の学芸会で「関所越え」という劇の馬子役で出演。「俺はシマンチュである証拠に〝ヨイスラ節〟を歌おう」といって観客の前で哀愁漂うシマウタを歌って大喝采を浴びた。中村喬次さんの母親トキエさんは「豊は、いつかはシマウタ界を背負って立つようになる」と予言した（指宿良彦著『大人青年』）。隠れた唄の才能は子供時代からあったようだ。

妻・利津子さんに誘われて行った民謡大会で、東京から来た名人のシマウタ「黒だんど節」と「俊良主節」に豊兄は身震いした。その時、シマウタを本格的にやってみよう、と決意した。そして半年かけて徹底的に練習し、わずか一年後には約三十曲をマスターした。三線線も覚え、レコードやCDづくりにも精を出した。一九八〇（昭和五十五）年には、第一回奄美民謡大賞に輝いた。

「唄者というのは今、唄のうまい人だけを呼ぶが、そうじゃない。

唄を好きで口ずさむ人なら、全部唄者だよ」が口癖だった。それが評判になって、指導を仰ぐ人々が集まるようになった。子供は土曜日に教え、それ以外の日は、大人を一人ずつ教えるという毎日。こうして築地俊造さんや西和美さん、中孝介《あたり》さん、貴島康男さんらの名人を育てあげた。その上、豊兄さんは、先生とか、弟子の呼び名が大嫌い。それは「教える人と学ぶ人の間に隔たりをつくったらいけない」という信念からだ。もちろん、船大工との二刀流を通した。

豊兄さんは伝統的な唄を歌うだけでなく、現代にあったシマウタづくりにも実績がある。その代表的な唄は、祝い事や徳之島の闘牛大会のときによく歌われる「ワイド節」だ。奄美和光園の某入居者が、「徳之島の闘牛の唄をつくってください」と同園レントゲン技師の中村民郎さんにお願いした。中村さんは、「自分は島にはもう帰れない」、「雨だと、島にいる牛がちゃんと飯にありつけるか心配だ」という入所者の思いを込めて詞を書き上げた。そして豊兄さんに作曲を依頼した。

名越護出版祝賀会でシマウタを歌う坪山豊さん（右）

ところが豊兄さんは闘牛を見たことがなく、イメージが湧かない。さっそく徳之島に飛び、その熱気を肌で感じ、翌日の朝食の最中に突然、曲がひらめき、急いで録音用のラジカセを準備し、ものの五分間で完成させたという。その他に、「奄美の人々があの世にいった霊魂の姿だ」と信じられる美しい蝶を唄った「綾はぶら節」、虐待死して今も霊魂がさまよっていると信じられているヤンチュの一人・今女の霊を鎮めようと「今女よ眠れ」など、作った曲は数十曲に及んでいる。

二〇〇〇（平成十二）年十月、東京で伝統文化ポーラ地域賞を受けた他、同年十一月には南日本文化賞、翌年には南海文化賞も受け、シマウタと船大工の功績を称えられた。さらに沖縄の知名定男さんの誘いでロシア、フランス、イタリアでの海外公演もこなした。

二〇二〇（令和二）年七月二十日、老衰のため死亡、八十九歳だった。「ワイド節」が流れるなか、しめやかに告別式が行われ、参列者は「天国でも思い切り唄って」と彼の死を悼んだ。宇検村は「唄袋」といわれるシマウタの盛んなところ。豊兄さんはそれを見事に証明してくれた。

二〇〇五（平成十七）年一月の南海日日新聞の「地域こそ教材の宝庫」というインタビュー記事で当時、名瀬小学校教諭だった蔵満逸司さんは「（奄美では）例えばベートーベンではなく、坪山豊を教える授業があっていい」と強調し、「ベートーベンよりも、坪山豊を」と奄美を教材化した授業を例に挙げて熱く語った。豊兄さんは奄美のウタシャというだけではなく、日本を越えて世界のウタシャと言っても言い過ぎでないだろう。

（参考資料）
指宿良彦『大人青年』自費出版、二〇〇四年
中村喬次『唄う舟大工　奄美坪山豊伝』南日本新聞社、二〇〇六年
南日本新聞、二〇〇〇年十月二十七日付南日本文化賞紹介記事

## 2　銀座雑貨商殺しの犯人逮捕　名越平巡査

東京銀座雑貨商殺しで全国指名手配されていた容疑者を、一九五六（昭和三十一）年七月十八日、名瀬警察署浦上駐在所の名越平巡査（当時三十四歳）が、自首させ手柄をあげた。犯人を窃盗の疑いで連行途中に「名越平巡査の人情にほだされて自首した」と吐露したので、このニュースは翌日の地元の南海日日新聞、県紙・南日本新聞が、社会面トップで報道したのはもちろん、全国紙でも大きく報道された。

地元新聞の報道によると、犯人の塩塚正敏（当時三十歳）は、名越巡査が勤務する駐在所に三回ほど遊びに来ていたらしい。「東京から流れて来た男で挙動不審だったが、私は、駐在所でいつものようにお茶を勧めて世間話をしていた」。塩塚はその後、駐在所近くの飯場に盗みに入り、土工から殴られていた。名越巡査は「喧嘩は遺憾だが、盗むのはもっと悪い」と塩塚を諭し、窃盗容疑で名瀬署に連行した。まだ駐在所には車もない時代で、本署までバスで護送した。

そのバスのなかで、塩塚が「名越さん、窃盗ぐらいでは小さい。あなたにもっといい手柄を上げさせよう。実は、私は全国指名手配されている銀座雑貨商殺しの塩塚という者です」と自首した。名越巡査の「人を信じる大らかな人柄」に感動してのことだった。もちろん、名越巡査は犯人の飲んだ湯呑みから指紋を取り、鹿児島県警本部に事前に身元照会をしていた。それだけに南海日日新聞や南日本新聞は、逮捕の本文の他に、名越巡査の逮捕に至った話や犯人との一問一答の記事も載せ、大々的に報道した。

事件の発生は、その一年四カ月前の一九五五（昭和三十）年三月五日午前三時ごろ。銀座の雑貨商の建部友七さん（当時六十五歳）の頭を鈍器で数回メッタ打ちして即死させ、物音に目をさました二女を暴行して同年八月に警視庁から全国指名手配されていた。その後、全国を転々として同年四月ごろ奄美大島に来ていた。土工として自分が働いていた飯場に忍び込んで毛布などを盗み、喧嘩になり、駆けつけた名越巡査に窃盗の疑いで逮捕され、名瀬署へ連行中だった。名越巡査は同署員三人と共に翌日の十島丸で塩塚を護送して鹿児島へ。さらに警視庁の刑事とともに東京に連行した。

中村喬次さんの著書『唄う舟大工』には、兵庫県警察署の刑事とともに塩塚を連行して、「そのまま兵庫県警の警察官になった」と書かれているが、普通、事件発生の場所が担当警察なので、なぜ兵庫県警に連行されたのかは不明だ。名越平さんの家族や親せきに当たったが、すでに他界しており、その後の名越平巡査の消息は不明だ。兵庫県警に転職したらしいことは、生勝公民館建設の寄付者として関西地区に載っているので間違いなさそうだ。

銀座雑貨商殺し犯人
奄美大島（名瀬）で捕わる
顔みしりの男
一年四カ月ぶりに
名越巡査

名越巡査の銀座雑貨商殺しの犯人を逮捕したニュースを伝える 1956 年 7 月 19 日付南日本新聞（丸写真が名越平巡査）

名越平さんは戦後、生

まれ故郷の生勝で鍛冶屋をしていた。『唄う舟大工』によると、名越さんは鍬やフラ（イモ掘り器）、二又、三又、アサダグイ（潮干狩り用の道具）、舟釘など小間物を製造していた。中でも評判がよかったのは舟釘で、坪山豊さんの師匠である大和村大金久の海老原万吉さんは、特に平さんの舟釘を愛用していた。

奄美のアラセツ（新節＝初丙の日《はつひのえ》）のハイライトは、八月踊りの「ヤー（家）廻り」だ。シマ（集落）をあげて豊作に感謝し、家々をまわって踊り明かすのだが、踊り集団も、深夜になると家々の庭で踊る最初に、

〽おどめ　どめ　しょしら
　物しられしゃたぼれ
　御庭片端　借らしたぼれ
（起きてくださいご主人、申し上げることがございます。お庭片
　端を借らしてください）

を歌う。この歌詞を平さんは、「御庭片端」と歌うところを、大声で「鬼やカタアシ」と歌った。すると踊り連からどっと笑い声が響いた。踊り連には「鬼の片足」と響いたのだ。踊り連の人々には、仁王のごとき形相の鬼の片足とは珍妙だ。踊りが一時止まったのもうなずける。平さんは、日ごろから天真爛漫な人柄で、歌い、踊り続けたという。

平さんは相撲も強かった。名瀬市で大島郡の相撲大会にも出場し、その模様を見学した名瀬署の幹部から警察官を勧められたのが、警察入りのきっかけだったという。

米軍施政下時代、本土で高く売れる黒糖を小舟で運び、ヤミ商売をしていた生勝出身の名越司さんは海上保安官になり、一転してヤミを取り締まる立場になった。さらに旧名瀬市永田橋交番に勤めていて、市民から「怖い警察官」と恐れられた禧久秀彦さんもいた。なお、禧久秀彦さんは結城大二郎さん（第三章7参照）の父でもある。

（参考文献）
南日本新聞、一九五六年九月十九、二十、二十一日付
南海日日新聞、一九五六年九月十九、二十日付

## 3　昔話語り部の第一人者　久永ナヲマツさん

奄美のユタ研究の第一人者、山下欣一鹿児島国際大学教授が、まだ鹿児島東高校の教諭をしていた一九六六（昭和四十一）年十一月二十一日、ロバート・ジョイ・アダムスさんが学校で「昔話について」と題して講演した。これを聞いた生徒の一人が、山下先生に「母は昔話をたくさん知っている」と言った。申し出た生徒は久永美喜子さんだった。山下先生は、「同じ学校の父兄に昔話の語り部がいたとは！」と驚いた。生勝出身で八十余もの昔話を知っいる久永ナヲマツさんだった。これが、研究書『久松ナオマツ嫗《おうな》の昔話』誕生のきっかけとなった。山下先生は以前、南海日日新聞の中村喬次記者から、「生勝に久永ナヲマツという語り部がいる」と聞いていた。まさか自分の教え子の母だったとは。

ナヲマツさんは、一九〇六（明治三十九）年二月二十二日、生勝で生まれた。一九一七（大正六）年に久志尋常小学校を卒業し、その

後、静岡の紡績工場で六カ月間働いて、大阪の叔父さん宅に二カ月間滞在して生勝に帰り、二十一歳で結婚した。しかし、うまくいかず二十五歳で夫と離婚、三十歳の時に再婚して一九三九（昭和十四）年に旧名瀬市へ移住。また事情あって夫と別居してからは、独力で七人の子供を育てあげた。一九六三（昭和三十八）年、鹿児島市へ引っ越すという波乱万丈の人生を過ごした。美喜子さんは末娘だった。

ナヲマツさんは、幼少から好奇心の塊のような子で記憶力も抜群、母からよく昔話を聞いて育った。家は、今でいう民宿を営んでいたので、幻灯写真や蓄音機などを持ち歩く旅人がいて、商人が泊まるとナヲマツさんはよく話を聞くものだった。シマ（集落）の昔話は、サタ小屋や二十三夜の月待ちなどのとき聞くものだったという。二十三夜の月は、のぼるのが深夜になるため、ナヲマツさんは大人たちによく昔話をねだった。

ナヲマツさんの昔話は「テキムンバナシ」の範疇《はんちゅう》に入るという。「テキムンバナシ」とは架空の作り話である。だが、自分の話したものの大部分は「実話」であって、「テキムンバナシ」はごく一部分である――と信じていた。例えば、その〝実話〟は「ケンムンのヤンハジ（運定め）」という話。

住用村の市（地名）から宇検村の湯湾に蘇鉄買いにきたある男が、ガジュマルの傍で雨宿りすると、そこにケンムンがやってきた。市集落で女の子が生まれたので、ヤンハジをしてきた。その女の子が十九歳の時、勝浦に嫁入りするが、その時には大雨が降り、穴に埋めて死なせるようにした。こうケンムンは語った。

急いで市集落へ帰ってみると、その娘は自分の生まれたばかりの女の子であることが分かった。その娘が十九歳になり、ケンムンが言ったように大雨になったので、穴に雨宿りしようとする娘を引き出して娘を助ける。

これは運定め話、産育問答であるが、この話の中に地名が出てくるように、実話として話されている。また生勝における産育習俗と結びついている。生勝では、子供が生まれるとすぐに、男の子であれば「女の子」、女の子であれば「男の子」と唱えて、金物をひたしておいた盥《たらい》のお湯を新しく生まれた子供に浴びさせる。「ケンムンのヤンハジを外すためである」と説明されている。これは、子供の誕生と同時に間髪を入れず行う必要があったらしい。聞き手の相槌なしではナヲマツさんの話は進まなかったという。

ナヲマツさんの話の冒頭は「昔けさあたんちいな（昔あったそうだ）」で始まる。終末区には「にゃ、がっさじゃ（これだけだよ）」で終わる。聞き手は一句ごとと言ってよいほどに、「へエー」という相槌を打たねばならなかった。ナヲマツさんは当初三十話すらすらと話したが、あとは生業の大島紬の機織りをしながら思い出し、それをメモしながら五十話余りを山下さんらに伝えた。

昔話の語り部だった久永ナヲマツさん

ナヲマツさんの話のジャンルは、「親孝行もの」が七つと一番多く、「欲の深さを戒めるもの」と「男は度胸がなければならないというもの」、「動物についての戒め」がそれぞれ三つ、「人生訓」一つに分けられるという。

（参考資料）
山下欣一・有馬英子編『久永ナオマツ嫗の昔話』日本放送出版協会、一九七三年

## 4　憩いの場「桜の園」をつくる　脇田昭さん

長年、久志小中学校でも教鞭をとった、脇田昭先生は退職後、集落の北はずれのなだらかな傾斜地などに緋寒桜十本を植えた。今、集落民の憩いの場になっている。愛娘の兼ひとみさん（鹿児島市在住）に「父の思い出」を語ってもらった。

満開の桜の木の前で、充実した顔の父と笑顔いっぱいの母の顔が写った写真。いつも私を机の上から見守ってくれている。場所は父が生まれ育った生勝。

父は教職を退いてから「ここにみんなが集える家をつくれたらいいなあ」と言っていた。しかし、いつの間にか、その夢を諦めて、二〇〇八（平成二十）年、その場所に、孫の理菜子さんの成人の記念に桜の苗を植え、成長を楽しみにしながら手入れをしていた。そのうちに、桜の木をだんだん増やし、一月末になると桜の花見ができるほどになった。親戚や集落のみんなが集まり、この桜の木の下で楽しく過ごすことが父の夢だった。

また、八十歳を過ぎた頃から、川の近くの畑にスモモの苗を植えて、収穫を楽しみにしていた。その畑の横に、みんなが休憩できるような日陰ができるように桜の苗を植え、ベンチも作った。父と私は畑の草を刈り、木の剪定をし、母は傍らで生勝の景色を眺めて、ゆったりと過ごしていた。農作業の後に、そのベンチに三人で座り、持ってきたおにぎりを食べている時は、なんとも幸せだった。川縁の桜の木もしだいに増やし、花の咲くのを楽しみにしていた。

先日、生勝に行ったときに畑の近くで農作業をしていた親戚の方から、「そのベンチがあって休憩でき、助かっているよ」と声をかけられ、嬉しくなった。父は、近くで農作業をしている山下修さんにスモモやタンカンの育て方をいろいろ教わったり、生勝の人々と会話をしたりしながら、退職後の生活を満喫していたようだった。

これからも、父の生きる原点だった地に咲く桜の花の下で、みんなが集い楽しんでいただけることを願っている。

満開の桜の木で過ごす脇田昭ご夫妻

父は昭和三年に生まれ、家庭の事情で幼い頃から父方の祖父母に育てられた。昭和十年四月、久志国民学校に入学。昭和二十年三月、久志青年学校本科修了。昭和二十六年八月、奄美群島政府から三

方村立第三中学校助教諭を命じられる。昭和二十七年四月、三方村臨時教育委員会より三方村立第三中学校助教諭を命じられる。昭和二十七年十一月、琉球中央教育委員会より国民学校専科教員免許状を取得。その後、保健体育と技術の教員免許を取得し、五十九歳まで中学校で教鞭をとった。

在職中は、バレーボールや相撲の指導に力を入れ、昭和三十九年には久志中学校を大島郡相撲大会で優勝させている。また、短距離走が得意で、村の大会や名瀬市の大会で一位になっている。島唄や八月踊りも好きで、名瀬在住生勝郷友会の会長をしていたときに、会員の皆さんの協力を得ながら「八月踊り歌集」を作っている。奄美市の公民館講座で子供たちに三味線を教えたこともある。

晩年は「この街に住んでよかったね」と「仲間たち（ドシンキャ）」という歌を作詞・作曲して、老人クラブのみなさんと楽しんでいた。竹細工も得意で、テルやかごを知り合いや近所の方々のために作っていた。また、イ草で笠を編み、お世話になった人たちにさしあげていた。

常に好奇心旺盛で、新しい『広辞苑』が出ると孫たちに与え、気に入った歌があると楽譜を探して買い求め、ギターやキーボードを弾いて歌っていた。

いつも時代の先端を意識し、自分らしく楽しみながら人生を生き抜いた父だった。令和二年九十一歳で他界した。

## 5　小兵パワーで「アマ横綱」二度も　禧久昭広さん

禧《き》久《く》昭広《あきひろ》さん（鹿児島商業高校教諭、一九六八（昭和四十三）年生。当時二十五歳）は、〝小兵パワー〟を炸裂させ、二度の「アマチュア横綱」に輝いた。

禧久さんは父が教員だったため田検小学校五年生まで過ごした後、古仁屋へ転校し、古仁屋中の相撲部へ入部。栄江靖教諭のもとで指導を受けてメキメキと頭角を表し、「古仁屋中相撲部」の全盛期を築き上げた。鹿児島商業高校から日本大学に進学し、相撲部の主将も務めた。卒業後、母校の鹿児島商業高校の保健体育教諭となり、相撲部の顧問として後進の指導を行っている。

禧久は身長一・六六メートル、体重九六キロとアマ相撲界では最小兵の選手。

一九九三（平成五）年の第四十二回全日本相撲選手権。準決勝で山本敏生（同志社大学）を足取りで下した。「スポーツニッポン」の記事によると、禧久の得意技は、右四つからの下手投げ。決勝戦は、身長一九一センチ、体重二一〇キロの巨漢・鶴賀文仁（日本大学四年）と対戦することになった。

鶴賀との体重差は二倍以上もある。観客には内心「巨漢が勝つ、勝負あった」と思う人もいた。ところが、試合巧者の禧久は、立ち合い、さっと鶴賀の腹

「210 キロひっくり返した！　96 キロ横綱　禧久昭広」の大見出しと、一面全面を使い報道した 1993 年 11 月 29 日付のスポーツニッポン紙

部に潜り込み、両まわしを取り、相手の重心を高くし、さらに後ろに回り込んで「切り返し」で勝った。「オ、オ、オッ」と大歓声が国技館に響き渡った。巧みな技で「小が大を制した」と全国的に話題になった。これが相撲の面白いところだ。

前年の学生横綱で、二年連続アマ横綱を狙う巨漢の鶴賀は、土俵上で地響きをたててドスンと尻もちをついたのだ。まるで大人と子供の鬼ごっこ。禧久は喜びのあまり土俵上でガッツポーズをして喜んだ。スポーツニッポンの記者は、その様子を、禧久には失礼極まりない言いようだが、「〝大木にしがみつくセミ〟といってもいい」と書いている。

さらに禧久は、第四十四回大会でも決勝戦で後藤泰一（拓殖大学）を下手投げで下し、天皇杯（アマ横綱）に輝き、相撲の玄人から「ゼニの取れる相撲の真骨頂」と絶賛された。その勢いで十二月に開かれた世界相撲選手権大会では、団体と超軽量級で優勝した。この快挙は、日頃の血の滲むような練習の積み重ねであることを忘れないでほしい。

日大時代に同じ相撲部に、大相撲で活躍し「平成の牛若丸」と言われた舞の海や、決まり手が三十四種類ある「技のデパート」の智ノ花らがいた。禧久は「（当時は）智ノ花や舞の海がプロで活躍しており、同じ体格の人が頑張っているので大きな刺激になった」と喜びを語っている。もし、禧久がプロに入っていたら〝小兵の試合巧者三羽ガラス〟と言われて人気を集めただろう。禧久もプロへの道を一時考えていたが、身長が大相撲の規定に足りず、結局、鹿児島商業高校教員になり、後進の指導の道を選んだ。教員になっても同校を強豪校に育て上げ、大相撲の里山、大奄美らを生んだ。

「アマチュア横綱」の快挙に宇検村では、一九九四（平成六）年一月八日午後一時から禧久昭広の優勝祝賀会を開き、パレードも実施して「頑張れ　小さな大力士」と称えた。

禧久一家は相撲一家でもある。父豊蔵さん（現在八十二歳）は中学時代に「若人の祭典」という相撲大会で、名瀬中学校代表として一年と三年の時に優勝した。また高校時代には三年時に県大会で二位に輝いた。長男の昭広さん（同五十五歳）と二男・祐三（同五十一歳）さんはともに日大相撲部へ、三男幸太さん（同四十五歳）は同志社大学相撲部で活躍した。さらに豊蔵さんの妻かずえさんの兄・福永英顕《ひであき》さんは若くして（四十二歳）亡くなったが、島相撲の大関を張ったことがある。相撲一家というより相撲一族でもある。

（参考資料）
スポーツニッポン紙
サンケイスポーツ紙
宇検村役場発行「禧久昭広選手の優勝祝賀会」パンフレット

## 6　新聞記者・小説家・コラムニスト　中村喬次さん

中村喬次さんは、奄美の地域紙・南海日日新聞を経て琉球新報に移り、宮古・八重山支局長、文化部デスク、出版部長を務めた。現職中に、小説『スク鳴り』で、第二十二回九州芸術祭文学賞に輝いた作家でもある。持ち前の文章力を発揮して退職後も大活躍。南海日日新聞で毎月一回の大型コラムを担当し、「おきなわ文学賞」小説部門の選考委員も務めている。主な著作に『南島遡行』『唄う舟大工』『琉球弧　あまくま語り』がある。半生を一筆書いてもらった。

以下がその全文である。

離郷者のひとりとして、手放しで古里賛歌を唱和する者ではない。古里には愛憎ないまぜの記憶がいっぱい詰まっているためだ。親父は、数え三十で早逝した。脊髄カリエスによる病死であった。昭和二十年、終戦の年――。

翌二十一年、久志小中学校に入学。勉強は嫌いであった。小学一年で早くも〝問題児〟のレッテルを貼られる。遠足の日、船越《ふのし》から逃げ帰って、担任の千代子先生を泣かすという事件を起こした。

当時の教育制度は高等科三年が今の中二で、その学年に叔父（母の弟）がいて、叔父は僕のせいで大恥かいた、とおふくろをなじり、それで収まらず、僕を後ろ手に縛りあげるとバケツ何杯だったか、頭からあびせて仕置きした。「もういい、もういい、もう分かったから」。おふくろはおろおろして、僕の代わりに謝った。

遠足事件でさっそく僕に渾名《あだな》が付いた。フノシという。宇検の津田幸夫あにょ（兄さん）など、以来、まともな名を呼んでくれない。「おい、フノシ」である。

中学を終えると、名瀬へ出る。おふくろが緑町のＴ紬工場で機織りしていた。ある日、夕飯をすますと、おふくろがぼそりと言った。「おまえのわがまま主義について苦情するんじゃないが、おまえにはニギャリが足りない」

「ニギャリ？」

「豆腐をつくるときのニギャリよ。あれがないと豆腐は固まらない。それが足りん」

「ふ～ん」

「怒るべきところで怒らない。スィットグレという気持ちを持たんばいかん」

そうか、スィットグレ……と考えこんだ。子供のころ、十五夜行事の〈前相撲〉で、僕がわざと負けたと言って祖父が怒った。メグ（弟）は顔を真っ赤にしてハマるのに、「おまえは土俵に上がったときから負ける場所を探している。もっとヒヤミカセ！」と一喝された。勝負事に臨んでだらだらしたり、やる気がなかったりと見てとると、周囲からその声が飛んだ。気合を入れろ！というエールだ。奄美ではとうに死語と化しているが、沖縄では生きている。県体育大会や国体など大きな大会があると、新聞見出しでこのコトバが躍る。それを目にする度、ジュウ（祖父）の一喝が耳元で甦える。

名瀬では、古田町の久永茂あにょのもとでガリ版切りをしていた。切耕と言った。茂あにょの母がナヲマツおばさんである。山下欣一・有馬英子共著『久永ナオマツ媼の昔話』（日本放送出版協会）の話者である。近所に久慈出身の村田裕喜登さんがいて、妻のきぬえ姉は生勝のひとであった。

村田さんは名瀬市の漁協に勤めていた。温厚な人徳者で、ひとの面倒見がよかった。ある日おふくろに「喬次はひまさえあれば本を読んでいるが、いま、南海日日で記者募集をやっているから、受験させてはどうか」と勧めた。だめもとのつもりで入社試験を受けたところ採用通知が来た。

十九歳の春であった。

挨拶回りに始まり、取材、原稿書きのノウハウを先輩から教わりつつ、仕事をこなしていった。中学三年時、学級新聞もどきのガリ版新聞を六、七人で発行していたが、その時の、メンバーの名前さえはっきりしない。数年前、久志の碇元一美が電話で、「宇検のツタ子が〝喬次と一緒に新聞づくりをやった〟と言ってた」と話した程度である。あと中村マスミ、川渕茂文も一緒だったか、うろ覚えに思い起こす。生勝の同級生にはいなかった。あの新聞発行が記者時代、役立ったかどうか。でもガリ版切りは多少役立ったはずだ。

気がつくと二十五歳になっていた。――しまった！とほぞを噛む。その年になるまで東京はおろか、鹿児島にさえ行ったことがないのだ。

一九六四年六月、一大決心の末、上京する。上司と社長にも慰留されたが、我意を通した。この時期、新潟でM7・5の大地震が発生、テレビは連日関連ニュースを流していた。十月には東京オリンピックを控え、都内は日夜喧騒の坩堝《るつぼ》と化していたのを生生しく思いだす。これに輪をかけて、さらに生生しい記憶として刻まれたのは、実は人間だったといえば奇異に聞こえるだろうか。どこへ行っても人・人・人の洪水。それも大洪水。僕は思わず「これ全部、女の股ぐらからひりだされたんかや」と口走った。都心へ向かう車の中で、弟たち五、六人が一緒だった。かれらはいっせいに爆笑、というより失笑したが、大都会の人間洪水を空おそろしいものに感じた記憶は消えやらない。

沖縄文学界で活躍した中村喬次さん

なんであれ、先行き不透明な不安を覚えたことはたしかだ。島を出る前までの自信はどこへやら、東京という異星の都市で、大洪水に呑み込まれず生きていけるかどうか。

足掛け三年で東京を引き払う。帰郷の理由、正確には言い訳にしたのは、民話採集のため、というものだった。実は文京区のある出版社が『日本の民話』シリーズの一巻として『奄美の民話』を加えることになったのだが、僕は「まだ徳之島が残っているので、それをすましてから」と断って、秋葉原の住宅製図会社を辞した。

民話採集を終えると、ふたたび上京する気は失せていた。家でごろごろしていたところ、新聞社の元上司が見えて復職。五年後の沖縄復帰まで記者の仕事を続けた。一九七二年五月、心待ちにしていた沖縄復帰により沖縄県糸満市に移転、現在に至る。

◇　◇

中村喬次さんは病気療養中でしたが、二〇二四（令和六）年八月一日、沖縄県糸満市の病院で逝去されました。享年八十四歳でした。心からお悔やみ申し上げます。

## 7　最難関中高校に合格　結城大二郎さん

鎌倉市在住の結城（旧姓・禧久）大二郎さん（七十六歳）は、生勝集落で初めて超難関校といわれる鹿児島市のラ・サール中学校に挑戦し、合格した。

大二郎さんは警察官の父・禧久秀彦さんの二男で、鹿児島県伊集院町（現在は日置市伊集院町）の伊集院小四年生のころ、書斎に『警友』という警察内部の教養誌があり、「裁判官、検察官、弁護士」になるには、父の希望である司法試験に合格しなければならず、その合格者の多い大学は中央大、東京大、早稲田大、京都大であることを知った。「やっぱり一番の高校に行く必要がある」と悟った。かつて伊集院小卒の大秀才と言われるNさんという方が超難関のラ・サール中学を受験したことを知り、母ヨシエさんに「僕もラ・サール中を受けたい」と告白した。

その時から大二郎さんの長い長ーい、受験人生が始まった。姉の同級生の弟が、鹿児島大学付属中を受験する時に使った『全国国立私立中学校入試問題集』を姉が貰ってきてくれた。早速解いてみたが、さすがに四年生には一割しか解けなかった。「ようーし、これを六年生の終わりまでにマスターすれば合格間違いなしだ」

六年生の夏休み、あの過去の問題集のみを勉強した。ノートには○○中算数一と表示、考えた経過と答えを書いて、ノートいっぱいになったのを二学期に担任の先生へ提出し、大変いい評価がついた。大二郎さんのＩＱ（知能指数）は一三〇、かなりの秀才だ。入試日は一九五九（昭和三十四）年二月だった。だが、中学入試が終わった夜、疲労のためか、ほとんど眠れず、高熱を出して、食べ物は全部吐き出し、医者に往診してもらった。翌朝は遅く起床、昼前登校し、授業中はボーッとして合格発表を待った。先生が「合格！」の声。フラフラしていた足も喜びでしっかりし、スキップしながら帰宅。母に「合格したよ」と報告した時が、人生最良の時だった。ラ・サール学園は、中高一貫教育で全国から秀才の子が集まっていた。

ラ・サール時代は苦難の連続だった。寮生の同級生は六時間目が終了すると、十分後は自習室で勉強開始、風呂と食事とトイレ以外は机に向かう、羨ましい環境。大二郎さんは学校のある鹿児島市谷山から自宅の日置郡伊集院町までの往復の長い通学時間が「無駄」で勉強時間を取られ、成績は降下した。

そのころ父が枕崎署に転勤。ラ・サールの裏門近くに下宿。寮生と同じ条件になり、成績も急上昇、「これならば」と思ったが、大学を合格したのは早稲田大学法学部と明治大学法学部。明治大学は特待生合格。入学金、授業料など全面免除。プラス生活費も何万円かが返済義務なしの好条件だった。入試成績が二番で、明治大学学長からラ・サール校長に感謝状が来て驚いた。しかし、大二郎さんは早稲田大学を選んだ。

司法試験は極めて難しく、挑戦したが敗退した。弟二人が後に控えていたので、給料のいい銀行に就職することにした。日本長期信用銀行（ＳＢＩ新生銀行の前身）は当時、世界十四位で有力な銀行。有力なコネがあるか、東大でなければ入社できない、との噂があった。惜しくも「全優」を逃した大学の成績証明書だけを頼りに受験すると無事採用された。入社後分かったが、日銀総裁や大蔵大臣、銀行頭取、映画俳優の片岡千恵蔵ら大物の息子がゴロゴロ。とても学歴だけでは渡り合える相手ではない、と実感したものだ。給料は都市銀行よりも高く、貧乏脱出作戦は一応成功した。

　それから二十数年経ち、長男の真一郎さんに司法試験突破の夢を託し、大二郎さんは息子が小学校四年の夏から本格的に受験指導を始めた。「お父さんは塾の先生より教え方が上手ね」と、京都大学法学部に進んだ息子から褒められた。息子は司法試験に見事合格して裁判官になった。息子の裁判を何度も傍聴した。晴れがましい裁判官席の息子！　大二郎さんは「亡父に、この孫の晴れ姿を見せたかった」と涙した。

　息子の司法試験合格を確信し、大二郎さんが作った唄の一部を紹介しよう。

自筆書道の前で新年を迎えた結城大二郎さん夫妻

①司法試験の合格は、汝の
祖父の望みなり、祖父の
望みを叶えざる父の嘆
きの試験なり

②幼き頃より秀才の誉れ
は高き汝なら　父の期
待に応えしは　これこ
そ孝の誉れなれ

③我が故郷のソテツ葉は
赤く大きくナリの実を
育てて　今日も繁るら
ん　蘇鉄に似しか我が
思い

④極楽浄土の父母よ　孫の万歳聞こえしか　これにて我の親不
孝　許してください父母よ

　大二郎さんが小学校四年の時、習字教室に大変熱心な先生がいて、放課後、大二郎さんら数人を残し、鹿児島県書道展への出品作品を練習させた。その結果、大二郎さんは県書道展など大きな展覧会で特別賞に輝く常連になった。大二郎さんは現役引退後、書道塾を開いて近くの小学生やお年寄りたちに教えている。

## 8　生勝に福祉施設を開設　嘉永上寿さん・由美子さん夫妻

　三十戸足らずの小さなシマ生勝で、身体障がい者の就労を支援する福祉施設「ゆらり」がある。五年前、生勝出身者がつくった。シマの人々の一部は当初、施設設置の理由を理解できなかったが、現在では、残された身体的な機能をフル活用して懸命に働く「ゆらり」の入所者たちに、温かい眼差しを注いでいる。

　この施設を運営しているのは奄美市名瀬仲勝在住の嘉永上寿さん（三十八歳）と妻の由美子（五十歳）さんの夫妻だ。由美子さんは嘉永トシ子さんの二女で、奄美高校から奄美市の精神科病院勤務となり、医療事務や就労継続支援B型での支援業務のほか、病棟の看護助手など長年障がい者福祉・医療に携わってきた。夫の上寿さんも奄美高校出身で会社勤めの後、精神科病院や就労継続支援B型事業所と、由美子さんと同じ医療・福祉分野で活躍していた。

　就労継続支援B型というのは、障がいや年齢、体力などの理由で雇用契約を結んで働くことが困難な人が、就労に必要な知識や能力

生勝にできた障がい者就労継続支援施設「ゆらり」

の向上のために、就労訓練を受けたりすることができる障がい福祉サービスのこと。つまり、施設では障がい者が働くことを応援・手助けする仕事をする。それまで障がい者が能力に応じた仕事をし、生きる喜びを感じている姿を見て、これらの人々の手助けになる仕事として就労継続支援サービスを行う施設を、生勝を拠点に運営することにした。

同じ職場だった二人は、結婚して奄美市で暮らし始めたが、どんな福祉の道がいいかを探っていたのだ。就労継続支援B型施設は厚生労働省の調べだと、二〇一九年時点で全国に一万四千カ所あり、利用者は約四十万人、一人平均月額工賃は一万六千五百七円だという。奄美市には就労継続支援B型施設があるが、宇検村にはない。

生勝生まれの母を持つ由美子さんが「宇検村には就労継続支援施設がない。しかし祖父母の思い出深い生勝には親戚の空き家もあり、そこを利用して障がい者が働ける拠点にしよう」と提案した。上寿さんは趣旨に賛同したものの、「能力に応じて就労できる人が宇検村に拠点をつくるほどいるだろうか」と不安もあった。しかし、奄美市や大和村にも入所希望者がいることを知り、妻由美子さんの故郷の生勝に就労継続支援の拠点「ゆらり」を定員二十人で、二〇一九（平成三十一）年四月にオープンさせた。

「ゆらり」を運営する嘉永上寿さんと由美子さん夫妻

現在の「ゆらり」の入所者は、宇検村の生勝・芦検・湯湾・須古・平田・阿室のほか、大和村や奄美市にまで及ぶ。次はこれら入所者の通所手段をどうするか。つまり送迎手段も問題だったが、趣旨に賛同した由美子さんの親戚の協力でこれも解決した。土・日・祝祭日を除く週五日の送迎は奄美市を拠点に住用回りと大和村回りの二手に分かれて車三台で行っている。

入所者の仕事の内容は、宇検村の協力で公共トイレ清掃や、両親や親の協力での農作物の除草・出荷作業などの軽作業のほか、障がいの重軽度に関わらず利用者の希望にそって屋外での除草作業、屋内では編み物や縫物、小物づくりや木工作業、アクセサリーづくりなど多岐にわたっている。リハビリを兼ねた就労でもかまわない。実例として、鹿児島市在住の著者（名越護）が所有している約五十坪の宅地跡も「体の不自由な方の機能回復訓練になる」という理由で、敷地の除草（草むしり）をしてくださった。日ごろ草が生えハブの棲みかになって、シマの人たちに迷惑を掛けていないかと心配していたので、大助かりしたものだ。

夫の上寿さんは「入所者たちは家に引きこもるのでなく、働くことで自信や生きがいを感じている。働いた時間に応じて工賃が支払われるが、労働の対価を手にすることで、やりがいが生まれる。そのお手伝いをするのが私たちの務め」という。由美子さんも「私のルーツは懐かしい生勝です。幼い時から慣れ親しんだシマでの思い出も多い。生勝で障がい者の働く姿を応援できることは、大変有意義なことです。入所者が除草時に、間違えて農作物をつい引き抜くミスもあったが、委託者の理解ある態度で解決したこともある」と語っていた。

入所者の昼食も「ゆらり」で賄う。昼食づくりは由美子さんの姉、恵子さんが担当している。シマの人の中には「食事つきとは——」といぶかる声もあったが、五年も経ち、ようやくシマの人たちの理解も進み、嘉永家一族で切り盛りする宇検村初めての就労支援施設「ゆらり」は、順調に歩んでいる。

## 9　シマユムタの記録、保存に尽力　鈴木るり子さん

奄美市在住の鈴木（旧姓・竹）るり子さんは、各種のシマユムタ（方言）普及活動を主宰し、地元FMラジオの「シマのニュース」をシマユムタで語る番組に出演したりと､活発に活動されている。「シマユムタは文化だ」という「シマユムタ伝える会代表」の鈴木さんに、その重要性について書いてもらった。

二〇〇九（平成二十一）年、ユネスコは世界消滅危機言語に八つの地域言語を発表した。その中に、私たち奄美語も危機的な状況と危惧された。気になりながら、他人ごとのように、方言の音や響きのないシマ社会に、いつの間にか慣れっこになっていた。紬を織るハタの音やシマユムタの世界は、私どもの原風景であるはずなのに——。

そこで私が所属する「シマユムタ伝える会」は、「今、私たちができること」を打ち出し、シマユムタの保存、記録に取り組んでいる。

この会に市民は何を期待するだろうと、二〇二三（令和五）年八月十一日に、奄美市立博物館で初めてのトークイベントを試みた。「シマユムタで語ろう」に募集数四十人をはるかに超える六十人の申し込みがあった。皆さん懐かしそう。まるで懐にしまっていた大切な宝物を出すかのように、思い出話を始めるのだ。嬉しそうな笑顔がとても印象的だ。残念なことに、若者の人数が少なく、これが現実か、と思い知らされた。会場は方言禁止の体験や苦い思い出を笑いに変え、雰囲気を盛り上げた。

そもそも方言はどうして消えたのか。歴史的背景は理解しているが、自分の紐《ひも》を解いてみたくなった。私の幼少期の名前は「アグリ」だった。小学入学前に「るり子」に改名して一九五八（昭和三十三）年久志小学校に入学した。

先輩たちの惨たらしい「方言禁止」の時代に比べれば、私たちはいささか緩《ゆる》め。とはいえ、「禁止令」の文字は「努力目標」

と変わったが、校内のあちこちに板書されていた。方言を一言でも発するならば、何のためらいもなく、名指しする。仲間意識のかけらも生まれなかった時代をくぐり抜けていく。

私が標準語の洗礼を受けたのは、小学一年生の時だった。教科書の中で初めて「お母さん」という言葉を知り、「おっかあ」から「お母さん」と改めた。家で呼んでみると、両親のキョトンとした顔。父親から「ぬうばがいゆん（何といった）」と返ってきた。当たり前が当たり前ならぬ、我が家の環境だった。

教室では標準語が飛び交うが、私は当初コミュニケーションもとれず、片隅に一人でいた記憶が甦ってきた。私にとって日本語（標準語）は、外国語のようなものだったのだ。それでも徐々に慣れていったが、学校を一歩出ようものならば方言を使う、今でいうバイリンガルの世界は、幼少から身についていた。

「シマユムタはアイデンティティーと文化の発露である」と語る鈴木るり子さん（中央）

時が過ぎた今、私はどうしてこうもシマユムタにこだわるのか。根幹はどこから来ているのだろう。時代を引き寄せ、思い出を引き寄せて自問自答へ追い込んでみたくなった。

確か小学五年生の時だったと思う。担任の先生から「家でも方言を使わないように」と言われたことを父に告げた。もうすでに酒が回っていた父は、私を睨《にら》みつけ、激しくなじった。「今の先生は、何を教えているのか。シマユムタを使うな、というのか。そのうちに朝鮮人のようになるよ。自分のシマの言葉がなくなるよ」。標準語でいえば柔らかく聞こえもするが、方言での怒りは荒々しく、私は返す言葉もなかった。

明治生まれの父は、昭和初期に大阪の工業地帯で鉄工場に従事していた。腕のいい職人だったと聞かされた。第一次世界大戦でボロ儲けした時代、朝鮮半島は日本の植民地であったことは知っていた。大阪の工業地帯には、朝鮮半島の方も多く住んで、働いていたという。

腕はいいが、口の悪い父が、惨たらしい言葉でなじっていたのだろう。仕返しに集団で袋叩きにされたことを本人から聞かされていた。戦争は自国の言葉さえも失い、矯正させられる。

そのことを私に伝えたかったのか。父のシマユムタのこだわりは、こうした過去への懺悔《ざんげ》ではなかろうか。

そして私は、そこから大きく父の影響を受けた。戦争の負の遺産は、文化の消滅に継《つ》ながるということを。言葉が矯正させられるということを――。

私は子育てが一段落すると、「シマユムタ伝える会」に飛び込んだ。周りは先輩方ばかりで気がかりもあった。それも時間が徐々に解消してくれた。主な活動は地元FM局での「シマグチ・ニュース」。FM局発足当時からのレギュラー番組だ。

また二〇一四（平成二十六）年十二月、八丈島・文化庁・国語研究会共催の「日本危機言語・方言サミット」に、話者として参加した。北海道、沖永良部、与那国島でも「生勝ユムタ」を披露する機会を得た。

先輩方の流暢な語り、この島で長年培われた衣・食・住・薬などに関する知識、知恵の豊かさ――こんな魅力につき動かされ、共に歩ませてもらっている。シマユムタの会としては、録音収集の国語研究所のプロジェクトに参加して、他のチームの取り組みなどとの交流の中から、今後の役割も自覚した。子供たちに方言教室を開いてみよう。今少しずつ前に進んでいるところだ。

うやふじ（祖先）に感謝し、一日でも、シマユムタの寿命が延びますように――。

トウトガナシ。

# 編集後記

故郷は遠くにあって思うもの。私は生勝で生を受けて生活していたころが、つい昨日のように感じることがある。生活は貧しかったが、集落民との暮らしは人情深く結《ゆい》の心があり、愛に満ちていた。

奄美が悲願の日本復帰を果たし、国も「本土並みの暮らし」をめざしている。奄美の開発を続けていて、奄美の暮らしぶりも電気も水道もない〝原始的な生活〟から現代的な普通の生活へ大きく変容していったのは喜ばしいことだ。十年ほど前に久志小学校の同窓会に招待されて、参加者全員で故郷を訪問した。だが、人の姿は全く見当らず、寂しい思いがしたのも事実だ。

この本を編集するにあたり苦労したことは、生勝に関する資料がほとんどなかったことだ。私は仕方なく『宇検村誌』や『宇検部落郷土誌』などの周辺の資料を参考に、さらに新聞報道や出身者らの証言で、何とか形を整えることができた。

しかし、嬉しい動きもある。二〇二三（令和五）年十一月二十五日に奄美の人たちが「ふるさと体験隊」として生勝集落を足で歩き、対応策を検討し、それを具体的に地図上で示している。この対応策が実現すると、生勝の新たな観光資源になるだろう。例えば、①徳崎を回った所のケタグラに滝があるが、全体に草木が生い茂って道路から見えず、近づけない。滝から海岸へ下りる道路がない。しかし付近にはアマミノクロウサギやホタルが生息しており、滝周辺の整備が望まれる。もちろんクロウサギの生息地であることを考慮する必要がある、②集落内に脇田昭先生が植えた緋寒桜の「桜の園」があり、早春になれば桜が咲き、周辺も整備されてすばらしい、③勝山善蔵さん宅の近くにノロの神道と刻銘のない石敢當《せっかんとう》（中国南部の民間信仰。T字路の突き当りは魔物がよく現れるので石敢當を立てて魔除けとする風習。沖縄には約一万基もある）が残っている。これらの文化財の保存に努めてほしい、など私が初耳のことも指摘している。

さらに桟橋のある海岸部の村有埋め立て地では、芝生や東屋、植栽された駐車場つきの「にぎわい回廊生勝」の公園が整備中。そこは集落民や観光客が、夕涼みや満天の星を眺めるなどの交流ができる場で、秋にも完成する。人口は減ったが、住みやすい集落に変容しつつあることは喜ばしいことだ。二〇二一（令和三）年、奄美がユネスコの世界自然遺産に登録された。自然と文化をめぐる山と海のトレイル（自転車道・遊歩道）の拠点として生勝が指定され、立派な公園もできつつある。あなたも懐かしい故郷へ帰省して新しいスペースでシマ人たちと交流してほしい。

九人を取り上げた「人物伝」ではアマ相撲日本一やシマウタの第一人者、シマユムタ保存継承を唱える女性らも登場し、生勝が豊かな人材輩出の里であることが分かってうれしかった。ただ、ブラジルに移住した故文岡勝さんの子孫と、旧奄美空港開港を記念して生勝集落民約七十人を旧奄美空港に招待した奄美市名瀬の文具店主・故名越百太郎さんも取り上げる予定だったが、文岡さんの子孫の原稿は締め切りに間に合わず、結果的に見送られたのが惜しまれる。ただ名越百太郎さんが招待したときの集落民の写真だけは、口絵に掲載した。鬼籍に入った懐かしい先人たちの面影を偲んでもらいたい。

編集に当たり資料の提供や写真撮影で協力くださったシマ在住で区長の米正道さん、様々な情報を提供してくれた奄美市在住の鈴木るり子さん、県立奄美図書館で調べ、資料を提供してくれた同級生の森田紘一君らには、特にお世話になった。厚くお礼を申し上げたい。出版を引き受けてくれた南方新社の向原祥隆社長と、丁寧な編集をしてくれた梅北優香さんのご苦労に心から感謝している。

二〇二四年　晩秋　　名越　護

■編者プロフィール

**脇田マスエ**（わきた・ますえ）

1942（昭和17）年奄美大島宇検村生勝生まれ。旧姓・生元。鹿児島県立大島実業高等学校（現在の奄美高校）卒業後、玉川大学通信課程で教員免許取得。母校である久志小中学校で7年間教鞭を執る。1984（昭和59）年に鹿児島市内に転居し、12年間小学校教員として勤めた。

**名越　護**（なごし・まもる）

1942（昭和17）年奄美大島宇検村生勝生まれ。鹿児島県立甲南高校から1965（昭和40）年立命館大学法学部卒、同年3月記者として南日本新聞社入社。2003（平成15）年編集委員で定年退職。鹿児島民俗学会会員。著書に『南島雑話の世界』（南日本新聞開発センター刊）『奄美の債務奴隷ヤンチュ』『鹿児島藩の廃仏毀釈』『自由人西行』『鹿児島 野の民俗誌』『鹿児島民俗ごよみ』『新南島雑話の世界』（ともに南方新社刊）など多数。『南島植物学、民俗学の泰斗　田代安定』（南方新社刊）で第43回南日本出版文化賞受賞。

住所　〒890-0032　鹿児島市西陵1丁目24-15

奄美・生勝集落の生活誌

二〇二四年十一月二十日　第一刷発行

編著者　脇田マスエ
　　　　名越　護
発行者　向原祥隆
発行所　株式会社南方新社
　〒八九二―〇八七三
　鹿児島市下田町二九二―一
　電話〇九九―二四八―五四五五
　e-mail info@nanpou.com
　振替口座〇二〇七〇―三―二七九二九

乱丁・落丁はお取替えします
ISBN978-4-86124-986-0 C0039

Printed in Japan